練習不孤單

臨床心理師教你5個陪伴元素
讓低潮時刻產生安定力量

李郁琳——著

推薦文——

苦難中的心靈嚮導

陳品皓／米露谷心理治療所策略長

我從事心理治療十多年，服務過上千位青少年個案，閱歷孩子身上的各種心理傷痛，從家庭變故、性侵害、霸凌、失親到司法案件等。許多曾經歷其中的案主，總是伴隨著糾結又複雜的情緒，盤根錯節地深入影響他們生活的方方面面，使得人生好似處在一種滯留的空虛中，難以前進。

面對諮商室中帶著各式苦難前來的當事人，作為諮商師，試著釐清當事人的情緒與困境，是如何在現在與過去交錯的時空中生成與脈動，一直是諮商歷程中核心的關鍵之一。而這個看見的過程，也正是大家口中所謂的「陪伴」。然而事實上，要能夠做到諮商中有意義的「陪伴」，卻又遠比我們一般所以為的傾聽、同理還要更加困難，因為諮商關係中的「陪伴」，是一種生命與生命之間在多重時空維度下的深沉對話與關照。經由生命此般的連結，我們才得以看見隱身在情緒背後的元素。在這種細膩中所得到的理解，對當事人來說就會是一劑珍貴的處方。

本書，正是每一段帶著自身議題的生命，歷經諮商中陪伴而獲得理解的過程記錄。

本書作者，李郁琳臨床心理師，是我多年的同業老友，臨床資歷豐富又多元。透過她樸實而深刻的筆觸，總是能夠從非常細膩又貼近的視角，為我們勾勒出自己難以覺察、卻又存在心中隱密角落的情緒樣貌。同時也是在郁琳溫柔的貼近與理解中，才有機會開展與當事人生命的對話，傷口才有癒合的開始。

本書中每一段故事的主角，可能有著我們熟悉又不盡相同的痛，可能有著和我們相似而深沉的傷。藉由閱讀，我們在心理上參與郁琳心理師與當事人之間的對話與互動，對讀者來說，也好似親身經歷與作者面對面的對話、理解與接納，在文字的沉澱與琢磨之餘，同時也感覺某一個部分的自己似乎獲得了療癒。

或許這樣的療癒，正是因為我們體驗到生命被仔細而專注陪伴的感受。而這些，來自於郁琳心理師的諮商手札，彌足珍貴。

這是一本相當適合曾經或正在嘗試探詢自我、覺察自我以及追求自我成長的讀者，關於你如何在其中找到陪伴自己方法的一本書。這也是一本相當適合輔導工作、心理諮商專業夥伴閱讀的一本書，透過作者與案主在各種議題下細膩的思考與貼近，同時帶著我們一步一步進入自己的內心，在每一段對話與互動間得到呼應與共鳴，增進了自己在諮商中感受與理解的能力。

推薦文——

讓陪伴不再不知所措

王意中／王意中心理治療所所長、臨床心理師

人的一生中總會遇到許多事，內心裡不時會有一個又一個結糾纏著，時而讓自己煩惱，時而讓自己困惑。

在人群中，在家庭裡，你我不是一個人，但為何總是覺得孤單、寂寞，為何自己的世界沒有人可以理解？

大人總認為，孩子有事就會開口說。身為成人，有事就得靠自己化解。身為長輩，應該就充滿著智慧，能看透一切。

我們的思考、想法、認知往往被不合理的內容所困住、框住，讓自己的情緒平添了許多負面元素，甚至於行動脫序、失序。

每一刻，都有許多的故事在發生著。每個人一生中，也充滿了生老病死、悲歡離合的故事，等待有緣人聆聽。

身為家人，身為朋友，身為老師，身為助人工作者，你我都可以是那位有緣人。我們的聆聽、陪伴、支持、同理、了解，讓當事人心裡感到慰藉。

原來自己可以不孤單，因為身旁總是有你的陪伴。郁琳心理師的新作《練習不孤單》透過專業知性又溫暖的筆調，字裡行間一則又一則寫實的故事，不再讓我們的陪伴不知所措。

推薦文——

只要心在，我們不孤獨

李介文／臨床心理師

我曾經聽我的老師說過一位治療個案。

這是一位小姐，來到治療室裡。老師開口問：「今天過來，有什麼困擾需要我幫忙嗎？」

這位小姐一句話也不說。

你能想像嗎？在五十分鐘的治療時間裡，跟一個人面對面，對方卻不發一語，請問治療師如何處理？

我的老師說：「好的，如果你想告訴我的時候可以說。」隨後，就誠懇地看著她，持續了五十分鐘。

這位小姐總共來了五次，一次五十分鐘。第五次，她終於開口了，說：「我下次不會再來了。」

老師問：「怎麼了嗎？」

她說：「謝謝你，我覺得我好了。」

老師問：「謝我？我做了什麼？」

她說：「謝謝你，沒有人可以忍受我這樣。」

每當我在臨床上遇到沉默的情境，我都會想起老師的這個故事，眼前這個人是否心裡有話，但還不夠相信我，不知道要不要告訴我？或者心裡千頭萬緒，有話卻不知從何說起？

這些話語，都會因為對方的一個眼神、一個不耐煩的嘴角下垂，失去了被說出來的機會。

身為心理師，我們期待自己說出來的話語是有療效的，但在我的經驗中，用我自己的人與心陪在對方身邊，就可以給予很大的力量。

只要心在，我們都不是孤單的。

推薦文——孤單從來沒有放過誰

李韋蓉／杏語心靈診所資深心理師

是不是很多個夜晚都被沉默給拿走了，自己也就這樣不見了？在忍耐中所過的日子，在無法順利脫逃的瞬間，躲在自己愈挖愈深的寂寞裡，彷彿就不用為身而為人感到悲傷。

是不是有些決定在今天交給了別人，就沒有所謂的幸不幸福？或許是因為你不知道要等到明天，自己才有勇氣可以再被喜歡。你很難分辨這樣的孤單該感到慶幸還是痛苦，多麼希望自己是特別的這一種感覺，讓你無能為力離開每一段早該落幕的關係，於是你只好不斷地在眾人面前嘲諷自己，深怕如果笑得不夠用力，眼淚就會不小心流了下來。

孤單是無法用恨來表達的無奈，孤單是來回衝撞的承擔，孤單是成全他人的夢，孤單是活到最後連自己都不敢相信。孤單像是一口深不見底的井，在井底浮浮沉沉的你，是自己的質問者，只有自己能決定要爬不爬。

有時候太渴望成為別人的天使，就會變成自己的惡魔。如果擔待不起，就讓這本書陪伴著你。在作者郁琳真摯純實的筆觸下，它將成為你最溫柔的後盾，引領著你一起靠近什麼人都了解、就是不了解的自己。

希望你會發現，追求快樂從來就不用是唯一的選擇，因為你已經不再孤單。

推薦文——

「陪」在身旁，「伴」其成長

林蕙瑛／東吳大學心理系副教授、作家

郁琳心理師自學生時代就對臨床／諮商心理有高度興趣，她認真修課，熱誠學習，平時也會寫些小文章抒發心情與感想。《練習不孤單》是她累積多年治療經驗的小品文，每一篇都蘊藏著無比功力，包括專業知識之傳達、諮商技術之發揮、個案問題之犀利分析、要點強調與輔導方向。

案主中心治療法主要代言人卡爾．羅傑斯（Carl Rogers）強調，助人專業者的特質包括一致性的真誠、無條件地正向關懷，以及準確的同理心。郁琳心理師的個人特質與治療師的特質，均呈現在本書的字裡行間。孔子曰「有教無類」，她接的個案也是不同年齡層，從兩歲到七十多歲的男女都有，均一視同仁。她的信念是，在彼此尊重與信任的前提下，案主均能以積極及建設性的態度發生改變。她用心觀察，同理案主的情緒，表達出真實、關懷及不帶批判色彩的了解，以致案主能在溫暖投契的關係中解除抗拒，主動改變。

郁琳心理師的文筆簡潔，平易近人，卻是字字珠璣。她將平日諮商的感想與心得，透過溫暖的語句揮灑於紙上。讀者可以感受到（也是假想經驗）一位秉持一致性、接納、富同理心的心理師，如何幫助案主在治療上產生改變。她之所以成功，就在於她「陪」在身旁，親近案主，並強調當時的經驗，參與共同的探險，「伴」其成長。

本書蘊藏著兒童心理學、婚姻諮商及家庭治療的影子，臨床／諮商心理師可以參考並學習其經驗；家庭成員也可經由閱讀產生洞察，嘗試新行為，與父母或子女甚至自己好好相處。這是一本好書，讓我們一起閱讀。

推薦文——

找到幫助的力量

張聖時／立凱電能科技Aleees創辦人、董事長

我曾是一名憂鬱症患者，我的家人也曾是憂鬱症和焦慮症的患者，儘管在我身處的時代，這些疾病似乎都不是一件光彩的事。不過我現在覺得，管他的，何必活在別人的眼光裡呢？

每個人都有各式各樣的焦慮，大家忙著舒緩自己的焦慮都來不及了，僅僅匆匆走過看我們一眼，我們又何必那麼賣力演出二十四小時呢？更何況，每個人對於事情的看法隨時在改變，如果要活給每個人看，恐怕會有如地獄般生活。

我以曾經是憂鬱症患者與照顧者的身分來說，如果您自己也是患者或照顧者，可以從布丁老師分享的三十六個臨床案例裡，透過細膩的文字，看到有關陪伴自己與他人的艱辛歷程，當然，這一切都是由太多看不到的淚水與歡笑交織而成的故事。

「觀看」這件事到了最後，最有趣的可能結果是「看到了自己」，如果夠幸運，

我們可以看到自己在過程中如何「面對它」。

在面對它的過程，在百轉千迴的路上，或許我們還有機會看到自己如何「接受它」的歷程，以及每天的認知在這歷程中發生的變化，而這個過程，未來也可能成為你幫助身邊朋友的依循。

此外，本書的三十六個故事還會告訴你如何「處理它」的各種方法。藉由他們的經驗，嘗試為自己也找到一個可能的逃生門。

如果你和我一樣已經盡了最大的努力，那就「放下它」吧，但放下不等於放棄，只是暫時休息，等待其他機緣成熟，就還有機會回來處理它。

所以，希望您和我一樣透過這些故事，找到幫助自己、幫助別人的力量。

推薦文——

得此友伴，夫復何求

螺螄拜恩／作家

一般人對臨床心理師大多有種「八風吹不動，端坐紫金蓮」之刻板印象，在他們高深莫測的冷靜笑容下，正用專業知識評估、打量著你，搞不好背地裡還顆顆顆奸笑：「你這隻潑猴——休想逃過老衲的五指山！」（胡說！）

而布丁老師是位散發著「人味」的心理師（並沒有暗指其他人是妖的意思），具有豐沛同理心與真摯情感，諮商者在她眼裡不僅僅是「個案」，是真真實實生活在苦難中的人類。她願意了解、傾聽、陪伴他們，溫柔且堅定地共同度過每道驚滔駭浪，這是多麼難能可貴的人格特質。

此種人格特質於本書表露無遺，篇篇文章翩翩起舞，如詩歌、散文般優雅和煦地敘事說理。文字深深觸動讀者心弦的同時，亦條理分明、井然有序地帶入專業知識。從而得悉面對人生諸多困境時，應如何梳理心情、調適自我，撥開惶然無措的迷霧。

無論你現在是什麼身分——父母、子女、夫妻或單身狗嗚嗚嗚（突然不小心哭出聲音），都能在書中找到「承接情緒」之安心歸處，獲得重新站起來面對生活的力量與勇氣！

推薦文——

從盲與茫中解套，好好陪伴

覺舜法師／佛光山新竹法寶寺監寺

很高興看到《練習不孤單》這本書，它用質樸的語言，記錄陪伴三十六個受苦者離苦的過程和方法，以及展現對心靈與生命的反思，是一本有溫度、有表情的書。

星雲大師曾提到：「苦只是一種過程、一種學習、一種挑戰、一種生命向上提升的因緣。認識了苦的真義，我們可以轉苦為樂，可以轉迷為悟。」郁琳就像是人間菩薩，以她的專業引導受苦者與關係人，認識苦的特性、本質，接受苦的現象，轉化面對的心境，從而能夠度過與超越。而其中最重要的，就是陪伴與傾聽。

在忙碌的社會，對許多人來說，獲得與付出「陪伴」是一種奢望，因為太忙！不說陪伴親友，甚至沒有時間陪伴自己。事實真是這樣嗎？或許真正的原因是盲與茫——不願意看清與不知道如何做。而本書提供了一些解套的索引。

願每一位讀者都能引發自我覺察與自主學習的本能，開啟自助與隨喜助人的信心之門。

目錄

第一部／逃不開的無能為力

第二部／走出迷霧，在時間中自癒

第三部／你眼中的不完美

第四部／只差一步就要幸福了

自序——

愛，是人在心也在的陪伴

如果問，為什麼會想寫這本書？我認真思考，大概是期待這本書能夠成為一種「陪伴」吧！

希望讓讀者有機會藉由這本書，從中體驗到一種「原來，我的情緒也有機會被他人這樣承接」的安心感；能在閱讀書中案例時進行思考，幫助更認識自己、了解自己，進而知道自己想要的是什麼；也能在真正需要諮商的協助時不再感到畏懼，並在諮商過程中，充分體驗到被接納所帶來的成長。

透過書寫對照自我

我常在諮商後進行反思：我在諮商過程中有讓個案感到安心嗎？我有讓個案在諮

商中獲益嗎？結案後，他們能帶著學習和體悟，靠自己勇敢前進嗎？我自己在諮商過程中學到了什麼？我有不自覺帶著專業的傲慢與個案互動嗎？關於人們面臨的心理困擾，除了諮商，有沒有更容易被接受的方式來幫助受困的人，透過自我覺察承認自己需要幫助並跨出第一步呢？

我想，書寫就是一個非常好的方式。作者透過書寫，可以進行反思並傳遞善的知識；讀者透過閱讀，可以吸收他人經驗，也對照自己的狀態。

許多出書的心理師前輩們在工作繁忙之餘，依然透過書寫對大眾做心理衛教，書中應用很多專業理論、技巧，讓讀者可以依照步驟逐一練習。有理論、研究作為基礎，結合實務經驗，非常具體又有脈絡和邏輯，方便讀者循序漸進。

因此，我也希望能夠透過這樣的方式，整合我的所思所想，幫助想求助但仍然害怕在陌生人面前揭露心傷的人們。我想寫的東西比較像是一種「信念」，過程中需要時間的積累，無法「速效」，也需要彼此的「堅持」。透過「它」營造出的關係品質，不論在信任感或安全感上都能持續很久，也能在各個面向發揮它的效果。

它，就是「陪伴」。

陪伴，強調了「我在乎你」的心理感受，是「人在，心也在」的狀態。「人在，心不在」雖有看似「陪」的狀態，但無法給予「此人真心與我為伴」的心理感受。

為了讓讀者更進一步了解如何做到有品質的陪伴，讓親子、師生、伴侶等人際關係都能實際運用，我試著透過不同的案例來自我剖析，對象有幼兒、兒童、青少年，也有成年人和長輩。有些人有精神疾病診斷，有些沒有；有狀況格外棘手，但能漸入佳境；有些狀況看似無法透過諮商改善，卻能讓人從中看到另一種陪伴；也有為情緒、為愛所苦的成年人，需要的可能是自己的陪伴；還有失智症（認知障礙症）患者及其主要照顧者的辛苦之路。

找到能陪伴你的重要他人

每個人都辛苦，每個家庭也都不容易！

「陪伴」的力量，或許不如其他心理治療技巧來得直接又具體，但它是連結人與人關係的重要關鍵，也是根本。希望你我身邊都有願意給予「陪伴」的重要他人，如果沒有，請暫時讓這本書成為你的安慰。

這本書裡的每個故事、我在書中說過的每句話、每個反思，如果能伴著你在低潮時刻據此產生安定的力量，那麼我會感到非常榮幸。

希望，你們也會和我一樣喜歡這本書。

謹將此書獻給一直陪伴在我身邊的家人、師長和朋友，更感謝遠流的專業團隊，因為有你們，我才能更好。

前言——

讓陪伴溫暖受傷的心

在構思這本書時，我其實沒有想要書寫身為心理師運用了什麼治療技巧或方式，來幫助一個人走向改變，而是帶著一個初衷，希望能夠透過案例，讓任何有心人學習到如何經由陪伴和傾聽來溫暖一顆受傷的心，不管是自己的還是別人的。

曾聽過我演講的讀者應該常聽我說過「陪伴是有力量的」，這句話說起來很輕易，實行起來卻不容易，有些人會覺得「陪伴」很抽象，甚至不知道該怎麼開始。

曹汶龍醫師說過，陪伴的重點不是「陪」，而是「伴」。

陪著對方，或許很多人都可以做到，但不是在對方身邊就叫做陪伴，能否合宜地伴著對方，不是絮絮叨叨，不是說教，不是一直想找話講卻又言不及義，而是讓對方感受到有你在就很溫暖、自在、安定。

你的「人在，心也在」會是對方很大的支持，即便你話不多也提不出建議，但你的「存在」就是一種力量。

陪伴的練習

書中的案例大致上會透過幾個共通元素，來幫助大家理解我是怎麼「陪伴」一個人，這些元素包括「暖身」、「了解」、「情緒」、「回溯」、「學習」等。然而，「陪伴」其實很難有固定的SOP或流程，因為每個人都是獨立的個體，每個人都有個別差異，適合A的未必適合B，所以常常需要在過程中，透過了解對方的人格特質或人生經驗進行微調，找到適合彼此的方式。我期盼透過我的分享，讓讀者都能有個大致的思考或實作方向。

● 暖身

對我來說，這是最重要的一環。彼此的信任感沒有建立，很多合作都很難開展。我會給對方一些時間熟悉我這個人，也熟悉我的諮商風格；我會讓對方了解，在他們尚未準備好之前，面對我的提問時都有說或不說的權利。對方在過程中的試探、負面情緒的展現、焦慮行為等反應能否被看見並承接，都是彼此能否建立信任關係的基石。

而一般在面對家人、朋友時，建議不要輕易跳過暖身階段，畢竟信任關係的深淺，會決定對方願意說的內容長短和質量。平常可以試著多聊天，就算只是天馬行空地閒聊都好，不一定要帶著目的性（例如，刻意要問月考成績才聊天）。聊天過程中建議多些鼓勵，少責備、打斷或批判。我常遇到在親子教養過程中感到挫折的父母，其中一個原因是還未做好「暖身」步驟就直搗問題行為核心。這樣的做法往往容易讓彼此挫敗，也直接、間接在過程中引發衝突。

了解

即了解來談者的困擾議題。透過詢問疾病史、藥物史、家族史等，並在行為觀察中蒐集可用資訊，若有家人、同行朋友或伴侶等的觀察經驗更好，資料蒐集愈完整，愈能幫助了解對方。

一般人的應用則可以著重在關心對方的困擾，藉由了解事件的前因後果，蒐集相關資訊後再和對方進行討論。這部分的重點在於多傾聽、詢問，不要貿然給建議。

情緒

互動過程中與情緒有關的各種展現，都是這個階段的重點，包含感受情緒、為情緒命名、接納及梳理情緒等。互動中的「沉默」與「肢體語言」的觀察，都是很重要的樣貌，不說話或少互動，有時候也隱含著大量的情緒訊息在內，需要慢慢地抽絲剝繭，才能走入對方的內心。這點不管是在哪個場域，都可以透過練習，慢慢地提升情緒的感知能力。

● 回溯

一個人深以為困擾的議題，可能與童年、過往衝突或人生經歷有關。未竟事務的糾纏或現正面臨的衝突，都有可能是讓人走不出困境泥淖的原因。透過有意義或記憶深刻的事件進行討論、回顧，嘗試找出是否有固定的行為模式正阻礙著自己前進。找出潛藏的困擾源頭，將有助於後續處理。

一般人應用時，可以透過自己對對方的了解，提出可能相關聯的事件，作為討論或詢問的基礎。過於隱私的內容則視彼此關係深淺，再決定是否提出。如果覺得無法掌握狀況也理不出頭緒，可以建議對方尋求諮商，請專業人員協助。

● 學習

在諮商情境中，找到問題或情緒根源後，心理師會選擇或運用不同的技巧來幫助個案。例如，調整認知模式、練習自我對話、學習肌肉放鬆技巧、書寫作業、找出合適的因應策略或模式以建立成功經驗等，這些都有助於改變或減輕困擾。

對於自我的應用，則可藉由閱讀相關書籍、收看與身心健康議題有關的優質節目或網路頻道、聽演講等，都有助於學習技巧或找到適合的方式來幫助自己。

遇到問題時，先處理心情，再處理事情。

願意認同或同理對方的主觀情緒，就有機會接住對方。但**認同對方的主觀情緒，不代表必須認同他的行為**。例如，我同理孩子和同學吵架時會有的憤怒或失落心情，但不代表我要認同他打人的行為，這兩件事是可以分開看的；然而如果我先處理他打人的行為，沒有同理到他與人衝突的原因和心情，就很容易被認為是在說教。

當溝通路徑緊閉時，就沒有機會更進一步討論困擾行為發生的原因或後續。

家庭幸福學的必修學分

陪伴是一門學問，實行時，請給彼此一點時間，因為陪伴是經年累月的實踐，是發自內心的互動，不是一時心血來潮，也不是有空才做、沒空就不做。

書中的案例都是取其核心事件或概念進行編纂，並且模糊可辨識的資料，即使是經過個案本人同意，也會做些許改編。如果故事能不經意地碰觸到你的內心，就很讓人歡喜，更歡迎你透過案例的互動方式幫助自己思考。

而每一篇文章後都附上「陪伴技巧指引」，希望讀者在看完案例故事後，透過濃縮的重點提醒，能更清楚知道當身邊有這樣的家人、朋友需要陪伴時，該運用哪些技巧或概念來幫忙安定彼此的心。

我深切期盼，「陪伴」這件事能成為全民運動或家庭幸福學的必修學分，而不再只是紙上談兵，不再讓人感到抽象，而是真真實實、可以付諸行動的一樁美事。

第一部

逃不開的無能為力

害怕無法逆轉的遺忘

如果終將忘了我是誰，我的存在還有意義嗎？

阿賢紅著眼眶，望向窗外，刻意不看我，但又緩緩說著故事，那模樣就好像在說著別人的事。

他說，自己不是一個喜歡示弱的人，卻也知道最近自己的狀況很不好，再不找人傾訴心事，覺得就要發瘋了。

他問我：「心理師，你了解失智症嗎？我以前看過鄰居老伯最後生病的樣子，真的好可怕，連家人都不認識，還會把大便塗到牆壁上，常常亂跑到不見……」他絮絮叨叨地說著，好似要把滿腹的擔心、焦慮和疑惑一股腦傾洩而出。

他說，最近老是忘東忘西，工作效率跟以前比起來差很多，也常因此被老闆罵。

還有，以前在家都是自己負責煮飯做家務，最近太太發現他會把遙控器放到冰箱裡，操作電鍋和洗衣機也出現困難，甚至有幾次忘了關瓦斯，把水都燒乾了，出門買菜還迷路。

當家人好心提醒時，他都會爭辯是因為恍神或沒注意，但心裡其實很害怕也很不安，於是偷偷請了一天假去看醫生，想知道自己究竟怎麼了。他配合做了很多檢查，也和醫生討論，雖然有高血壓、糖尿病的病史，但沒有失智症的家族史，只是最近壓力的確有點大，老闆把一筆大訂單交到他手上，如果搞砸了，大概就得捲鋪蓋走路。

他抱住頭，喃喃說道：「醫生把話說得保守，但他好像有提到失智症的字眼，我……」他突然把話打住，哭了起來。他說：「如果最後我會忘了自己是誰，現在我這樣活著又有什麼意義？我好怕再也認不得家人，他們……會不會也忘了我？」

§

面對未知，會恐懼是正常的。那是身體保護我們的機制，也是我們經過多年演化得以存活下來的原因。因為阿賢的情緒有些激動，我帶著他開始做腹式呼吸，透過緩緩地吸、吐空氣來緩和情緒，將注意力帶回自己的呼吸及感受上。他慢慢穩定下來。

我問：「下次回診神經內科時，你願意讓家人陪同去聽聽醫生怎麼建議或說明嗎？」他痛苦地說不知道，說很怕家人知道後的反應，也很怕他們會害怕，就像現在的自己一樣。

我鼓勵他讓家人一起參與，陪伴走過這段難熬的時光，孤軍奮鬥的感覺並不好受，尤其之後隨著病程發展、症狀愈來愈明顯且嚴重時，他還是需要家人及親近友人的幫忙與協助。

在工作上，我提醒他可以早一步思考做調整，以減輕因為症狀影響而導致的身心壓力；在生活上，能適度的運動、正常的作息、做動腦訓練及維持人際互動都很好。因此，我請他回診時，主動詢問醫生是否有相關資源或課程能幫助自己。例如，不同縣市的社區據點（如瑞智或瑞齡學堂）會開設認知訓練課程，像是繪畫或書法課程、音樂課程或簡單的運動課程，一方面活動手腳，二方面也幫助大腦做保養，三方面可以認識新朋友，維持基本社交能力。這些都有助於延緩認知退化的速度，也有助於穩定情緒。

過程中，我們還討論了未來可能面臨的狀況，以及可以提前部署的面向，幫助他有心理準備。畢竟，知道我們目前能做什麼、無法做什麼，有「控制感」能讓自己安心一點。此外，我們也討論了後續如何面對失落情緒，包含親子關係、伴侶關係、同儕關係或職場關係等，還有就是因疾病所引發的自我價值感低落，或是自我傷害意念等可能的狀況。

臨走前，阿賢欲言又止地說：「雖然這個病無法逆轉，讓我心裡很難受，但能夠說出來，真的好多了，我也比較知道怎麼向家人開口，還有知道未來可能會發生什麼事。謝謝你！」他說完便踏著沉重步伐離開了，但我腦中紛飛的思緒，並沒有因為他的離去而停止。

§

生命是一條長河，從生到死，並不總是直線進行，這一路可能彎彎曲曲，可能風平浪靜，也可能波濤洶湧。我們一直在接受生命的考驗，有些是我們不想要但被迫要接受的，有些是我們渴求而不可得的，有些則是不請自來但我們還有機會選擇的。

既然有些考驗躲不開，那麼這樣的生命究竟要我們體會什麼？如果知道未來的結局將會以悲傷收場，那麼我們應該現在就原地放棄嗎？還是，思考看看如何活在當下，把握可以把握的，做最後的拚搏？

或許，生命的價值不在於活著的時間長短，而在於能不能珍惜當下的每分每秒，學習「道謝、道歉、道愛、道別」的人生功課，讓自己不留遺憾；在於能不能好好吃、好好睡、大聲哭、盡情笑，認認真真地過生活。

西班牙小說家卡洛斯．魯依斯．薩豐（Carlos Ruiz Zafón）在作品《風之影》

（*La Sombra del Viento*）中提到：「只要還有人記得我們，我們就會繼續活著。」我用這段話，與阿賢共勉。

每個人的存在，都有自己的使命與功課——我的「好」，我自己知道，然後，當我離去時，記得我的那些人也會知道……。請相信，我不想忘了你們，但最終我會身不由己。如果我一直在你心裡，就能證明我愛過也存在過，人生不虛此行。

陪伴技巧指引

* 透過腹式呼吸，緩緩地吸、吐空氣，將注意力帶回自己的呼吸及感受，亦可搭配輕音樂調息，以緩和情緒。
* 請家人、朋友陪同就診，接納彼此在過程中會有的情緒，一起走過難熬的時光。
* 盤點目前能做的事情，增加掌控感並有助於穩定情緒。
* 工作上盡早做調整，以減輕症狀影響而導致的身心壓力。
* 生活中遵從醫囑，也透過適度運動、正常作息、人際互動、動腦訓練，以延緩大腦退化的速度。

存在的意義，在於每一天被認真對待

當記憶像沙漏緩緩流失，該怎麼幫你填補記憶中的縫隙？

我不想失去你，不想失去共同有過的曾經，可是，我無能為力。

在與失智症家屬互動時，我常常在她們空洞又疲憊的眼神裡，看到無能為力的茫然與憂心，但更多的其實是害怕及恐懼。

§

曉芬獨自照顧罹患失智症的父親已經五年，八十歲的父親由她陪同前來，老先生進門後沒說過話，逕自在輪椅上閉目養神。她說，以前一家人住在南部鄉下，父親開來無事最喜歡在涼亭和鄰居下棋，大家都叫他王老爹。搬到台北後，由於左鄰右舍互不認識，父親顯得寂寞許多。

王老爹的牙幾乎掉光了，因為不肯戴假牙，所以連好好吃頓飯、咀嚼食物都有問題，更別提與人說話。曉芬說，自從父親生病後，在家幾乎都在睡覺或發呆，人也愈來愈安靜。說到傷心處，她的眼淚就流不停，面對朝夕相處的父親，他用那空洞的眼神，望向她時問的那句「你是誰？」，常常刺痛她的心，也讓她備感挫折。她淚問：「該怎樣透過老父親腦海中僅存的記憶，陪伴他度過有意義的每一天？」

看著曉芬，我想到另一個個案——阿發，五十六歲，是早發型失智症患者，發病時正值中壯年，原本是家中經濟支柱的他，因為在工作上開始無法勝任原本熟悉的事務，頻頻出狀況而遭公司辭退。阿發的太太說，她察覺先生的記憶力明顯退化，會在熟悉的地方迷路、想不起物體名稱或人名，言行舉止也不太對勁且脾氣暴躁，與之前相比，判若兩人。阿發才在太太的陪同下至醫院的神經內科就診，並於之後確診。

阿發和太太都無法接受這個事實，他們家裡還有兩個孩子正在求學階段。阿發哽咽著說，得了這個病，自己一輩子算是毀了，還拖累家人，不知道這樣活著有什麼意義，還不如早點死掉算了！太太在一旁默默哭泣著，她說自從嫁給先生後，先生就是她的依靠，面對家中的突發劇變，她還沒做好心理準備，也不知道該怎麼跟兩個孩子說明。

像阿發這樣的早發型失智症患者，確診患病時多正值壯年，通常也是家中經濟主力。一想到自己和家人之後要面對的外在眼光、後續治療過程及費用，還有對未知的恐懼，往往比確診患病這件事更讓人喘不過氣。阿發面對自己的狀況，也從一開始的否認、憤怒，隨著症狀頻繁發生，最後也只能無奈接受。

面對遺忘，面對心愛家人的記憶宛如沙漏流失，那種惶恐與未知，難道不比死亡還讓人揪心？

§

阿發太太和曉芬在面對家人記憶中的缺損，那種再也回不到過去的心理失落，是很需要信任的人給予一段長時間的陪伴，一同走過。只是，很可惜，很多家屬往往不願意尋求協助，對於他人的陪伴也覺得不好意思，覺得會麻煩別人，更怕被旁人知道患者或家中艱難的狀況。

面對曉芬的淚問和阿發太太的無語問蒼天，我持續給予陪伴，並提供相關資源及協助，希望資源的進駐有助於延緩患者的退化速度；另一方面，我也想讓他們知道，面對未來的不確定性，會不安、惶恐都是正常的，但先做能做的就會安心一點，而「活在當下，遵從醫囑，保有運動習慣並維持與人互動」，或許就是目前能做的事情。

生活或存在的意義，來自於認真對待我們和患者共處的每一天。

§

在知道王老爹喜歡唱歌時，我試著在他面前唱《望春風》。我的台語講得不好，但唱歌還算可以。我開口唱了前兩句，原本昏昏欲睡的他突然睜開眼睛，接著開心地打著節拍，把後面我不會的都哼唱完了。曉芬在旁邊看了覺得很驚訝，因為父親已經很久沒有開口了，更別說是開心地哼哼唱唱。

父女倆後來開心地離去，我聽到走廊上迴蕩著老先生很有活力又哼唱得很大聲的《望春風》。

「或許，陪伴的時候就專心陪伴，不去擔心往後的日子該怎麼過，如實地活在當下，看著老父親能吃好、睡好、開心笑、用心活，就是最有意義的每一天了吧！」我看著父女倆的背影，喃喃地說著。

雖然認知功能退化了，但是情緒、感受並沒有全然失去，他們還是能透過他人的臉部表情及肢體語言，感受到對方的態度和情緒。

我，雖然生病了，但仍希望被有尊嚴地看待；我，還是一個完整的「人」。

我，雖然是主要照顧者，但也有自己的情緒，希望有人願意聽聽我、幫幫我、告訴我：「你已經做得很好了！」

面對曉芬和阿發的太太，我想告訴她們：「你們已經做得很好了！」希望這份鼓勵，有一天你們也能對自己說，也能肯定自己的付出，不管最後結果如何。

陪伴技巧指引

* 重拾患者的過往興趣，陪著談他有興趣的事，都有助於保持心情愉快及穩定。
* 雖然患者認知功能退化，但情緒、感受並沒有全然失去，還是能透過臉部表情及肢體動作，感受到對方的態度和情緒。所以照顧者也要照顧好自己，才能有好的狀態陪伴。
* 患者能吃好、睡好、開心笑、用心活，就是最有意義的一天。
* 照顧者別害怕求援，可以試著申請相關資源協助，以減輕照護負擔。
* 生活中，能延緩大腦退化速度的互動及活動，都可以鼓勵患者嘗試。
* 試著做能做的，減少遺憾：道謝、道歉、道愛、道別。

給悲傷一點時間

當無常悄然走來，
沒有答案的沉默最是讓人難受

臨床實務工作者在醫療現場，常會遇到許多觸及內心的時刻。心理師為了了解個案的狀態，會選擇適合的評估工具來進行評估，過程中有時也需要與家屬晤談，以便搜集更多與個案相關的背景資訊。

對我來說，我先是一個「人」，然後才是「心理師」。身為人會有的情緒及感受，助人工作者也都會有，但是專業的養成過程，會讓我們具備更多自我覺察的能力，以確保身心狀態不會損及個案的利益。

諮商時，我會需要花很多時間「傾聽」——聽一個人的故事，了解他的困擾，同理他的傷痛，陪伴他的沉默無語。

§

阿珠嬤由兒子陪同前來，安安靜靜的，不多話。她滿頭白髮，衣著簡單樸素，但看得出來有刻意打理。初次見面，我禮貌地問候幾句，和她聊聊最近生活上是否有任何不便或困擾，以及是否知道兒子為什麼帶她來這裡。

突然，她眼眶紅了，小聲說著：「他留下我，就回家了。」正當我一頭霧水，還在思考阿珠嬤口中的「他」是誰、「回家」又是指什麼時，一看到她哀傷的眼神就瞬間明白，她口中的「他」是她的先生，也是兒子帶她來諮商的理由。

在這下著雨的冬夜，我希望她的心不要如同外面的溫度一樣寒冷。諮商室裡，我們坐的位置是經過安排的，主要希望不會讓她覺得緊張或有壓迫感，茶几上擺了一杯溫水及面紙盒，椅子上的抱枕讓她有需要時可以抱一抱，或坐或臥都無妨。

透過她晶亮的雙眸，我知道她正在遙想過去，我期待有機會接住她的情緒，希望能讓她感覺到有人願意了解她的苦痛。但經過阿珠嬤的娓娓道來，我發現我錯了！縱使我能在她的故事裡彷若身歷其境，卻永遠無法在真實世界做到「感同身受」。

她細數著和先生的恩愛日常，說大自己九歲的先生即使早已過了退休年紀，仍然樂在工作，常常會到工廠巡視。每次工作結束返家時，總不忘帶上一束鮮花給她，有時是香水百合，有時是玫瑰花，有時是路邊的不知名小花，他說她像花兒一樣美麗；

出差回家時也會買禮物給她，像寵著一個小女孩，有什麼好吃的、好玩的，先想到的也是她。年輕時，每逢假日，夫妻倆就帶著四個孩子一起出去玩，在電視上、書上看到有漂亮風景的地方，先生也總是想著帶她一起去。

恩愛的日子就這樣過了幾十年，某天健康檢查，先生意外發現自己罹患癌症，經過治療，身體倒也穩定了一段時日。但體貼的先生因這個疾病，早已明確表達希望後輩如何處理他的身後事，但她沒能想到這件事居然來得又快又急。

說到這裡，阿珠嬤頓了頓，擦了一下眼淚說：「雖然我心中有萬般不捨，還是尊重老伴的心願——不做無效醫療，不強迫延續生命。」

他就這樣走了，留下她和很多很深的遺憾，而那些遺憾藏在她深深的嘆息和怨懟裡。她怪他，為什麼捨得丟下她離開；她罵他，留下的那些回憶太美好，好到想起時就刺骨椎心；她想他，其實她知道愛就藏在回憶裡的任何地方；她愛他，即使很多事情隨著時間慢慢遺忘，但相愛的點滴依然記得清清楚楚，難以忘懷。

面對母親對父親的愛和無法走出的哀慟，兒子於心不忍，想接她到家裡住，但她總不肯，說是不想打擾孩子的生活，說即使一個人也能照顧好自己。但，或許只是不想離老伴太遠。

我腦海中想到了好多關於阿珠嬤的未來。獨居，對於現階段的她，還是有些隱藏的風險，我拍拍她的手背，看著她的眼睛說：「我好喜歡聽你和老先生的故事，下次再來說給我聽，好嗎？」

阿珠嬤開心地點點頭，說：「你喜歡聽嗎？我以為年輕人都不會想要聽。你知道嗎，我講到他的時候，可以清楚感覺到他就在我身邊，我好怕我慢慢老了，會不會哪天就忘記他了？」兒子在一旁安慰著老母親，看得出來他不知道該怎麼做，只能半哄半勸。

望著她們離去的背影，我深深嘆了口氣，想著若不是老先生在生前就決定好身後事，以阿珠嬤對老伴的深情，在面臨抉擇時，可能無法做到真的放手，做到老伴想要的「善終」。或許，這也是老先生留給她「最後的溫柔」，不讓她在失去所愛之餘，還要承擔做決定的痛苦。日後，阿珠嬤或許還是會內疚，但她是尊重老伴的想法才放手，所以，這自責也許能稍微減輕一些吧！

§

失去所愛之後，一般人都認為應該避談對方，因為害怕還活著的人會觸景傷情。但或許因為這樣的「善意」，阿珠嬤沒有機會再和那些熟知老伴的家人、朋友、同事，說說那些從他們視角所認識的「他」，說說他們曾共有的經歷，那些阿珠嬤不曾參與老伴的其他人生階段。

當我們愈是能夠坦然面對、一起談論、懷念、哭泣、說說笑笑時，那些遺憾、失落以及美好回憶才有機會再經過重新詮釋，而這些，都能幫助阿珠嬤在復原之路上走得更平穩、順利與安然。

所以，後續的諮商過程，我會試著透過相片和回顧，將對阿珠嬤及她的兒子有意義的事件抽取出來討論；此外，透過儀式化的方式，將手寫的書信唸出或燒化，讓那些來不及或不曾說出口的遺憾有機會好好結束。那些壓抑在心中的情緒，也能隨著梳理的過程輕輕流動，不再堆積。

愛一個人需要時間，悲傷也是！給悲傷一點時間，讓傷痛有機會撫平。

陪伴技巧指引

* 透過相片、影片，將有意義的事件進行討論，也透過儀式化的方式，將手寫的書信唸出或燒化。透過重新詮釋，讓情緒有機會緩緩流動。
* 避談過世的人並不會讓悲傷減少，家屬如果擔心無法拿捏狀況，可以讓專業人員陪伴走這段療傷過程。

* 年長者如果對生死之事不避諱談論，預先規畫好對身後事的處理，並告知家人，也是對他們的溫柔。

* 透過自我評估及家人的觀察，以了解身心狀態及有無自我傷害意念，必要時，請讓醫療資源介入協助。

失落是必然，不需要壓抑

你的離開如此突然，
是我永遠無法言說的心事

過去發生的，永遠不可能忘記，無法屢屢回頭望，就只能帶著遺憾向前走。

人的一生中，究竟會有多少考驗？遇見過的人、面對過的事、走過的每一步，你是否都願意在某個時間點回頭望？你是忘記了，還是不敢再想起來？

從孩提時期開始，其實我們一直不斷地經歷「失落」的議題。弟弟妹妹的出生，你可能經歷手足競爭的失落；求學時考試成績不如意，你可能經歷自我價值的崩落；與伴侶交往過程中，你可能體驗過分手或衝突時的挫折與悲傷；年歲漸長，身邊的家人、朋友、寵物的離世，又是另一個悲傷的課題。

在實務工作現場，我常常面臨的巨大考驗就是如何承接個案的失落情緒。但心理師也是人，除了陪伴與傾聽，有時巨大的哀傷襲來，那種與個案共感的時刻，可能也會讓自己的情緒震盪好一段時日。

§

我還記得與大明初次會談那天，他的穿著打扮儀表堂堂，講話有條有理，外表看起來比實際年齡年輕，由好友陪伴前來。

他自述因長期的失落及憂鬱心情，想要尋求諮商的協助。互動時，我和他聊聊生活、工作及家庭現況，以便了解他的認知、行為、情緒和語言表達能力等狀態。當時的我，並不知道我即將面臨的會是一個什麼樣的故事。

精神科醫師伊莉莎白・庫伯勒－羅斯（Elisabeth Kübler-Ross）曾在她的著作《論死亡與臨終》（*On Death and Dying*）中，整理出臨終的五個階段理論。她觀察到，處於哀慟過程中的人會經歷到與臨終類似的階段，於是她請門生大衛・凱斯樂（David Kessler）加以改寫，成為我們熟知的「哀慟五階段」或稱「悲傷五階段」[1]，分別是「否認」、「憤怒」、「討價還價」、「沮喪」與「接受」。

1　參大衛・凱斯樂所著的《意義的追尋：轉化哀慟的最終關鍵》（*Finding Meaning: The Sixth Stage of Grief*），時報出版。

每個人的失落議題都不盡相同，也無法比較，悲傷或哀慟反應不一定會照著上述流程走，也不必然每個階段都會有，但大抵上都會經歷至少兩個歷程，也有可能走到最後一個「接受」階段後，仍回過頭，重現先前的階段。

多年來，大明的狀態一直在否認和沮喪的階段之間擺盪。自從太太在一場意外中過世後，即使事過境遷近三十年，這幾乎仍是家族中的禁忌，不可言說。他獨自扶養孩子長大，過程不易，如今又面臨疑似有早發型失智的症狀，這對於原本就長期處在低落情緒中的他，無疑是雪上加霜。

諮商過程中，大明哭了！他一邊說抱歉，一邊拭淚。他說自己也不想這麼軟弱，也以為自己早就接受這個事實，但不知道為什麼，只要一想起過去和太太的恩愛時光，再想到獨立扶養孩子的過程，沒有太太的參與，一切只能靠自己摸索，就格外思念太太，才會不禁悲從中來。

我沒有馬上安慰他，也沒有慌亂地遞給他衛生紙，只是靜靜聽他說，點點頭，看著他，盡量不打斷他的情緒。待他的情緒稍微平復後，我邀請他說出感受，但不急著要他完全冷靜下來，因為能夠宣洩出來也是一件好事，很多心事積壓在心裡，對於身心都是一種巨大壓力。他邊擦眼淚，一副很不好意思的模樣，可是開口講沒兩句又哽咽了。

能自我覺察情緒處在何種狀態，是一件重要的事，它能幫助自己知道是被什麼困住了，是委屈的感受、憤怒，抑或失落？但我認為這種方式的使用時機，比較適合在情緒穩定後再進行。人在情緒高張的時候，是很難進行理性思考的。

§

我詢問了大明和同行友人，根據自評及他人觀察以了解他的憂鬱症狀。例如在睡眠上，是否有失眠或睡太多的狀況？對過去的興趣或嗜好，現在都提不起興致？有無自殺意念、企圖或行為？情緒狀態、體重是否有明顯變化？

大明住在外縣市，來一趟台北不容易，我考量了他的現況及舟車勞頓的往返時間，了解能在台北長期諮商的可能性並不高，但如果能就近於所在縣市由其他心理師提供協助，對他而言會是更好的選擇。

因此，**我沒有選擇在第一次諮商時就肆意掀開他的傷疤，催促他快點振作，或是進行認知調整，而是讓他用自己的步調，慢慢地讓情緒流動，讓情緒帶著我們，走到它願意停留的地方。**

諮商結束前，我提供了一些就近的心理衛生資源給他們，讓大明能在有需要的時候，知道誰能承接他的悲傷，也讓傷口有機會慢慢結痂、癒合。我也感謝大明的好友，能夠有警覺性，透過陪伴、鼓勵，引導他接受諮商。

面對他人的哀傷，周遭之人能做的往往很有限，因為終究無法真真切切、完完全全觸碰到他們內心的痛。每一次，我們嘴裡說的「我了解」、「我也懂」的同理，在說出口前，都需要慎重以對。

§

因為悲傷無法比較，每一次的死亡或別離，都不會是一樣的傷口。

在這次的諮商中，雖然大明有提到疑似罹患早發型失智症的議題，但是綜觀整個會談過程，困住他的，最主要還是失去太太的失落議題，所以以一次會談能處理的議題緊急程度及先後順序，我選擇優先處理他的情緒。最後，我除了提供大明心衛資源以外，還建議他到神經內科做完整的檢查，以便後續需要時有醫療介入。

我在會談中了解大明的困境，也在傾聽和陪伴中了解他的需要，進行「轉介」，轉介他到能穩定諮商的地方，由其他專業接手陪伴。

陪伴，雖然只有兩個字，但是能好好做到並不容易。透過別人的生命故事，陪著他們走一段，也預習可能的別離，讓我知道即使做了再多的心理準備，也很難在死亡到來時從容以對，但或許能夠提醒我們「活在當下，愛要及時」的道理。

陪伴技巧指引

* 盡可能不要打斷哭泣的情緒，只要靜靜陪著、傾聽，就已經是很好的陪伴。當對方有需要時，再輕遞上衛生紙即可。
* 當對方陷入悲傷狀態時，不要勉強他快點好起來。悲傷有它的歷程，讓對方用自己的步調緩緩療傷，但可以告知需要幫忙時會盡力協助。
* 鼓勵對方在過程中做的努力，讓他知道他已經做得很好。
* 當評估無法接住對方的情緒時，不要強行揭開傷口，亦無需責怪自己，可進行轉介，讓專業人員協助。

拒絕的心，需要找到開啟的鑰匙

如果我走不進你的心，
別人能靠近也很好

大飛在我的諮商生涯中，絕對是數一數二讓人印象深刻的個案。那天下午，他由師長陪同，外加幾個看熱鬧的同學，浩浩蕩蕩地把他「押」進諮商中心。

當時一片混亂，大家七嘴八舌鬧哄哄，卻沒人告訴我「確切」狀況到底是如何。而在個案情緒也不穩定的情況下，我只能請同學們先回去，讓大飛在諮商室裡稍微緩一緩心情。

在剛剛鬧哄哄的狀態中，我拼湊出他是在執行自殺行為時被師長、同學搶救下來。因為現階段不宜讓他一人待在諮商室，所以我先聯繫他的導師，並請導師一併聯繫家長。

我和他在這過程當中「等待」，等待他情緒稍微緩和，等待他在學校相對信任的導師到來，也等待一個可以彼此互動的時機。

§

在諮商室的時間，分分秒秒顯得漫長，那是我第一次遇到這麼棘手的危機個案。大飛一進諮商室就宛如銅牆鐵壁般的防衛，坐得離我老遠，也不看我，更把頭埋在外套裡。即使我知道現在不是說話的好時機，但我想在導師過來之前，試看看能否和他說上一兩句話。

我清了清喉嚨，正準備開口時，他也許感受到我預備的行動，突然打開外套大喝一聲：「你很莫名其妙耶，可以不要管我的事情嗎？我死不死，干你屁事！」或許是因為現場的尷尬，也或許我真的是菜鳥心理師，聽到他罵我，我突然笑了出來。他愣了一下，臉部線條一度變得柔和，隨即又板起面孔質問我：「笑屁啊！你聽不出來我在罵你嗎？」

我正色，但仍微微一笑說：「你聽起來真的好生氣！辛苦了，和一個陌生人待在諮商室，很不自在吧？」

我本來想先用聊天方式來緩和氣氛，而不是直接切入他的自殺行為議題。他看了我一眼就不說話了，但情緒明顯已經緩和。他側躺在沙發上，外套不再遮著頭，好像是累了，不發一語，閉上眼睛假裝睡覺，也拒絕與我再有任何互動。我只好靜靜等待，直到他導師的到來，打破了諮商室的寂靜。

他一看到導師，彷彿抓住了救命繩索，喊著想離開這裡，又說不想讓家人知道，請導師不要通知爸媽。導師安慰他，也說聽到他尋死的消息真是又氣又急。我靜靜的在諮商室看著兩人的互動，覺得自己彷彿是局外人，卻很高興在他情緒最不穩定的時刻，至少有一位信任的人陪伴在身邊。

我和導師交換了一個眼神，輕輕掩上門，把時間留給他們。此時此刻，我知道大飛需要的或許不是諮商，而是在信任的人身邊宣洩情緒，尋求撫慰，待情緒緩和後，前額葉才有機會發揮作用，進行理性思考，也才有諮商介入的餘地。

後來，他們離開時，大飛仍不願意正眼看我，我知道或許那是一種防衛，同時也知道非自願案主本來就很難勉強，又或許如台灣諺語所說，「先生（醫生）緣，主人（病人）福」，意思是有投契的醫生出現，病人的病就好了。

這說法用在心理師與個案身上，我想也很適用。而在這個案例裡，和大飛投契的人，就是他的導師。

隔天，我和導師聊了一會兒，提醒他這段時間可能要請家長和同學們協助，觀察大飛在家中和學校的情緒狀況，避免憾事發生，而如果大飛願意，隨時歡迎他再來預約諮商。導師說，他很明白大飛的個性，他不願意的事情很難勉強，但也答應會試著再邀請他來找我，如果他還是不願意，也會和家長合作，多留意他的狀況。

§

我等了幾個月，最終，他一次都沒有再出現。慶幸，他也沒有再出現危機事件。他在諮商室的憤怒，以及當天究竟發生了什麼事導致他想不開，成為我諮商生涯中的一個謎。我一直反覆地思考，如果以我現在相對成熟的諮商經驗重新再面對大飛，我是不是能夠做得比之前更好？又或者，面對非自願案主，我能做的還是十分有限？

我讓自己保持面對挫折的彈性，也進行自我覺察及反思，不過度落入自責的迴圈，更提醒自己保持善念，運用所學，做當下所能做的最好處理方式及決定。

不是每一個問題，都有機會進行深度處理。症狀或狀況是否在急性期或緊急狀態？當事人的心理準備如何？諮商的時機點是否適宜？環境是否給足安全感等，都會影響諮商能否順利進行。

看似沒有結果的諮商，未必真的沒有做處理。有時候，心理師作為媒介、工具，讓當事人有機會被適合的人陪伴，那麼他的問題還是有機會得到處理，只是，未必是用諮商的方式處理。個案只要能得到協助，不論是資源的引進或找到合適的陪伴者，就是最適合他的！

我一直相信，每個人手中都握有打開自己心門的鑰匙。只看你願不願拿起它，把門打開，讓陽光有機會照進來。

試著找到那把鑰匙，你也能學習自癒；也請嘗試遞出鑰匙，給想幫你的人機會，讓他也能環抱著你的每個脆弱時刻。

你不再是一個人！不再只能孤身向前！

陪伴技巧指引

* 承認每個人都有限制、也有無能為力的時候，不用過於勉強對方必須接受我們的善意。
* 了解建立信任關係都需要時間，也會有一段磨合或試探期，不操之過急，保持彈性。

＊試著肯定自己的努力，持續釋出善意，保持一定距離的關心。若對方有信任的人能給予關心也很好，不需執著付出的人一定得是自己。

＊提供可用資源給對方，以備不時之需。

用憤怒保護自己的脆弱

不要靠近我，我的世界你們不會懂

「你覺得我有躁鬱症嗎？」

「你曾經治好過其他和我一樣的人嗎？」

小萱從原本倒栽蔥的坐姿翻轉起身，用很正經的表情看著我，等待我的回答。回應她認真的眼神，我想了一下說：「我很高興你這樣問，因為這讓我覺得，你開始有一點點想和我合作的想法。」我特地加重了「一點點」這幾個字的說話力道。

她輕蔑地笑了一下，帶著不像這年紀的早熟神情，然後自顧自地把玩手上的小玩具，似乎是不滿意我的回答。

小萱，是爸媽死拖活拉帶來諮商的孩子，小學四年級，不喜歡上學，對生活沒有期待，在學校是老師們頭疼的人物，沒有朋友，常形容自己是怪胎、垃圾，做事我行我素，親子關係緊張。

「你喜歡什麼顏色？」我問。

「以前喜歡很亮的顏色，像是粉紅色、黃色、橘色那些，現在只喜歡黑色和白色……那很像我，不是嗎？不過，你問這個幹嘛？」她把腳抬到牆壁上，躺在沙發和我對話，說話的時候，她的頭連抬都沒抬一下。

「嗯嗯，是這樣啊！不過，今天是我們第二次見面，我還不太認識你，不知道你從喜歡明亮顏色到現在只喜歡黑白色，中間發生了什麼事，你願意告訴我嗎？」

我展現我的好奇。

「我不知道要說什麼！反正就是那樣，你不用白費心力啦！我來就只是做做樣子，配合我爸媽而已，下次我也不一定會再來，你不用了解我沒關係。你就像那些大人一樣，也是問幾個問題就『拋棄』我了，我看過很多心理師了，我知道你們都來這一套。」

她連珠炮般地述說著過往的經驗及交手過的心理師，帶著滿不在乎的口氣。

「是在試探我嗎？覺得我也會『拋棄』她？過去有什麼經驗，導致她這麼想？」我的腦中冒出好多問號，看來得先好好建立關係才行。

§

我邀請小萱的爸媽進來諮商室聊一聊，我觀察到她正偷偷觀望著我們的對話。當爸爸描述帶小萱來諮商的原因時，小萱有時會插話、反駁，有時則靜靜聽著，帶著不屑的眼神。媽媽則是不發一語，偶爾拭淚。

聽起來，夫妻倆為了這個女兒操心極了。爸媽說完之後，我看向小萱，問她有沒有想說或想補充的？

她憤怒地說：「我就是爛，就是垃圾、怪胎，永遠好不了，你們不要管我就好了啊！以前忙工作都不管我了，現在幹嘛假裝好心想要關心我？你們把我送去那麼遠的住宿學校，害我被欺負、被霸凌，也都不願意相信我對你們的求救！現在表現得這麼關心我，想騙誰啊？喔，是想騙這個新來的心理師吧，讓她知道你們對我很好？」她脹紅著臉，緊握拳頭。

空氣在這一瞬間突然凝結，只傳來媽媽隱約的啜泣聲。

爸爸帶著歉意看著我，我點點頭傳遞心照不宣的默契。我對小萱說：「看起來你有好多好多故事和滿滿的情緒，我很願意聽。下週你願意再來這裡，讓我們聊聊嗎？就你和我。」

她驚訝地看著我，小聲說：「今天場面都這麼難看了，你還想要我再來？」

我看著她，微笑地點點頭。

她快速走到門邊，開門前，看似無謂地說了一句：「隨便啦！反正我在家閒著也是閒著。」

媽媽小聲告訴我，她這樣說就是願意來的意思。我很高興，也開始思考，下週我可以怎麼和她建立更進一步的關係？

我知道，這得慢慢來，不能急。

§

我觀察到，小萱在感受到威脅或進入陌生情境時，習慣先烙狠話嚇唬對方——「滿不在乎的態度」、「惡狠狠的表情」、「自我貶低的話語」就像是保護色，以保護自己脆弱到不行的自尊，也避免有所期待又再次受傷害的可能性。**彷彿，只要自己先出手，「心」就不會受傷，就可以將可能的傷害隔絕在外。**

她的這些行為其實是一種求救訊號，如果大人能看懂的話。她細數爸媽和同儕霸凌的那些過往，每一筆創傷的記憶都在心上刻劃了一刀又一刀。

她的內在小孩正在呼救，也在測試大人的底線，她的憤怒和恐懼無處宣洩，在體內四處流竄，必須打開一個透氣小孔，好讓這些情緒得以釋放，讓能量歸於平衡。

只是，不安感與長期被拋棄的感受，讓她拒絕了所有人的關心與好奇，把自己武裝起來，所有人都不准進入她的小世界。

她的世界，即使孤獨，但至少安心。

我帶著善意靠近她，想把陽光送進她的心裡。我輕輕地、慢慢地敲著門，想知道哪裡有裂縫，能讓陽光照進去，能讓她願意把身上的刺收起一點點。我也等待著有一天，能接起她那無窮無盡的憤怒與悲傷。

§

終於，一週後，我等到小萱的再次到來。但這次，只有爸爸和小萱前來。

我對小萱說，很高興看到她。她看了我一眼，沒說話，卻惡狠狠地瞪著爸爸，更在爸爸和我說話時咬了他一口。莫名被咬了一口的爸爸也只是笑笑地推開小萱，這讓我很詫異。他們之間的互動有如行雲流水般流暢，看來不是第一次這樣了，我心想。

我請爸爸到候診區等待，只留小萱和我單獨在諮商室。小萱自顧自地把玩手上的魔術方塊，避免和我眼神相對。我也沒刻意要求她看我，就逕自說：「我很好奇你剛剛為什麼要咬爸爸？能告訴我嗎？」

「因為他欠咬！」小萱不帶感情地說著。

「喔，原來是這樣。所以，你常咬他嗎？」我問。

小萱點點頭，沒說什麼，然後我觀察到她開始咬自己的手指甲，她十根手指頭的指甲已被咬得光禿禿，還有些許血痕，手臂內側也有淡化的數條割痕。這時我心裡已經有數，她可能很早就有自我傷害的行為。

她發現我在看她的手臂，連忙拉下衣袖，裝做沒事一般，我也不說破，想之後再找合適時機切入。我觀察到，爸爸不在諮商室時，她的情緒穩定許多，再觀察上次三人的親子互動模式，我想，親子關係議題或許是影響她心理狀態很重要的關鍵。

根據對小萱的行為觀察，她對我還保持著強烈的戒心，雖可一問一答，但都避重就輕，或僅說著情緒性的宣洩話語。我知道在情緒高昂時不適合說道理，也很難問出什麼，所以和她保持著一段物理和心理的距離，希望讓她感到安心。同時我也試著從她的情緒性話語中抽絲剝繭，了解她和爸媽之間是如何積累了這麼深的負面情緒。

我順著她的情緒，鼓勵她多說一點，如果她願意，我也會請她說一說該情緒的相對應事件，好判斷她這樣的情緒狀態是否過度，又或者是可以理解。

§

五十分鐘的諮商時間很快就到了，我先謝謝小萱願意忍受著緊張和不安的感覺，在這空間、時間和我互動，也願意說出很多自己不開心的情緒，謝謝她願意信任我。

她癟著嘴，小聲地說：「雖然你看起來不像壞人，但你應該也幫不了我。」說完嘆了口氣，隨即又像想起了什麼，馬上恢復原本毫不在乎的表情。

我很高興自己發現了這細微的情緒轉變，也把它收進心裡，留待之後驗證我對小萱的人格特質和情緒行為的假設。

我邀請小萱下週再來，這次她沒有說反話也沒抗拒，只淡淡地說了聲「好」。我把它視為是一個良好關係進展的開端。

沒有人天生要劍拔弩張地對待他人，但如果這是她生存的自保方式，表示她其實有段時間過得很辛苦。

我想試著透過諮商，幫助小萱重新建立對人的信任感，讓她知道過去雖然辛苦，或許也很無助，但我們還是有機會從此時此刻的正向互動中建立成功經驗，重拾對人的信任，也學習自我保護。

信任感建立後，諮商中的互動便有機會進一步應用並開展到親子關係中，也才能漸進式的處理小萱與家人這條滿布荊棘與敵意的關係之路。

她們的和解、理解與諒解之路或許漫長，幸運的是，這家人已經踏上這條路了。

陪伴技巧指引

＊試著尊重每個人在情緒上會有的主觀感受，但也要明白，尊重不意謂著必須認同對方的所有行為。

＊平常就要學習和孩子好好聊天、好好說話。關心的話不要反著說，激將法未必有效，常容易衍生更多的負面情緒。

＊親子之間有衝突時，請給出時間和空間拉開彼此的距離，等待情緒降溫，再進行溝通。

＊面對孩子自我傷害的行為，不要以批判、否定、責備的角度來進行討論，先同理心情及可能的困擾，再視情況切入主題。家長也可以與導師或輔導室保持聯繫，了解孩子在校狀況。

第二部・

走出迷霧，在時間中自癒

慢慢來，比較快

因為等待，看到了屬於孩子的不同風景

我曾遇過一個男孩，小夏，五歲，個性天真，口語表達及理解力較弱，有答非所問的狀況，容易沉浸在自己有興趣的事情裡面，人際互動需要引導。但只要多花一些時間和他相處，就會發現他個性溫和善良，喜歡閱讀，想像力也很豐富。

我們剛開始互動時，他很容易緊張，紙類的東西一旦拿在手上，就會忍不住一直捲捲捲，遇到挫折時，還會拿著捲好的紙捲打自己的頭。

在學校，小夏有人際互動上的困難。他喜歡班上的小美，會因為急著想要表達自己的好感而追著她跑，結果造成小美、老師及同學們的困擾，也因此常被同學嘲弄。

他的情境線索覺察能力不好，又看不懂別人的臉色，對於小美的驚懼表情和刻意

保持距離感到不解，也對老師將他和小美座位隔開的動作感到傷心，曾難過地問媽媽：「為什麼我不能和小美玩？」

小夏這些林林總總的困難，讓他常常處於別人的異樣眼光中，爸媽雖然可以理解他人不友善反應的原因，但委屈、憤怒和無奈的心情仍溢於言表，對小夏滿是心疼。

媽媽曾在第一次治療後，覺得我似乎沒辦法「立刻」解決小夏的困難而想要終止諮商。站在我的立場，當然是希望幫助小夏，但他的困難是長時間積累而成，不太可能透過一週一次、一次五十分鐘的心理治療就能立刻解決，畢竟心理治療不是吃感冒藥，三天就能見效。

我告訴小夏的媽媽，我需要和小夏培養信任關係，盡可能在互動中了解他的困難，這樣的幫忙才會適切。我也告訴她，如果想終止，我也能理解，畢竟，期待不一致，對三方的互動都不是好事，也不是我所樂見。

§

深談之後，媽媽表示自己對孩子的狀況感到很憂心，對於先生、婆家或其他人看待孩子的眼光更覺得受傷，認為自己不是個好媽媽，再加上對學校老師的處理方式也不是很能接受，種種的壓力讓她快要承受不住。所以在情緒和理智上都很難等待，很希望有立即改善孩子狀況的解方。

媽媽的心情我很願意理解，但是，我只能說小夏的問題相對複雜，需要一段時間來一一釐清和協助，不只是幫助他，我也希望能幫助家長。我想幫助家長看到小夏的能力和優點，幫助家長學習等待他的改變，學習理解他的情緒以及行為背後的可能原因，我更想幫助小夏學習辨識他人的表情或情緒代表的意思，學會合宜的社交技巧，安撫他在人際互動上受挫的心，也讓他滿腔的疑問能有得到解答的機會。

但這些都需要時間，也需要家長的信任。

不管小夏被安排去多少地方上療育課程，最終還是得回歸家庭。如果家長能夠學會如何和孩子互動，能看到孩子行為背後的原因和困難，絕對勝過一週一次的心理治療或是到處去上各種課程。

父母的理解、愛與關心無可取代，親子教養無法外包，試著打造家庭的心理安全網，讓父母做孩子最堅強的後盾。

§

後來，媽媽決定讓孩子繼續治療。在第五次互動的過程裡，我從行為觀察中看到，小夏從以前的緊張到慢慢可以放鬆，甚至可以拉著我的手和我互動，也不太會在挫折或緊張時打自己的頭了。他似乎能了解我提供給他的是一個溫暖、包容的環境，在這個地方，有人願意聽他說話，不會一直禁止，也願意等待。

小夏在第一次治療時，說了很多很多的「擔心」，例如「我擔心小美會死掉」、「我擔心她是不是討厭我」。在這五十分鐘裡，他大概有四十分鐘說的都是「替別人擔心的事情」，他沒有提到過「自己」。

也許我們要思考的是，小夏和小美彼此並沒有那麼熟悉，為什麼他的擔心會這麼深且廣？這究竟是擔心對方，還是擔心的其實是自己？他擔心沒有朋友，擔心出事情，擔心有好多好多，快要把他淹沒。他藉由圖畫和繪本說著擔心，滔滔不絕，我就這樣靜靜地聽他說，偶爾回應他的困惑。

陪伴和傾聽，本身就有療效，也有力量。

有些家長或許會覺得這樣是浪費時間，尤其是付費進行心理治療的狀況下。如果家長無法信任心理師，可能就會在心中產生質疑：「為什麼你不趕快教他一些東西，或者扭轉他的想法，而是在那邊聽孩子說些沒有邏輯、意義不明的東西？」「我付的錢會不會像丟進水裡，看不到孩子的任何改變？」

對我來說，小夏深埋在內心的壓力和焦慮是需要被看見並梳理的，忽略和處罰無法解決問題，因為情緒需要有宣洩的管道，而不是壓抑或防堵。在他情緒高昂的時候，若大人仍只顧著自己的需求要他念書、學習社會化的規範，是很難達到效果的。

唯有了解他的內心在想什麼、怕什麼，安撫、梳理了他的不安，我們希望他了解的事才有機會進到他的心裡。

但更讓我感動的是，在這個過程中，我看到一個不斷在嘗試改變自己心境的媽媽，我看到她從焦慮不安的狀態，透過討論，透過自我省思，讓情緒漸漸穩定。她開始知道，也能告訴自己：「做好自己能做的、能幫助孩子的，其他人的眼光和態度，我不要全部都放心裡。」曾經她因為某位老師說「孩子會這樣，是因為家裡沒教好」而感到難過，現在她告訴我，她已經能坦然面對老師的想法，她知道老師是因為不了解自己付出的心力才這樣講，但別人不懂沒關係，她自己知道，所以她不要把老師的情緒話聽進去。

「境隨心轉」，如果態度和心境改變了，看待很多事情的角度也會不一樣。

§

小夏的媽媽告訴我，某天晚上，她看到應該睡覺的小夏將好幾本書鋪滿一地，而且打開了每本書的第一頁，口中喃喃自語著。她壓抑著心中原本要說出口的斥責及想動手幫他收拾的動作，同時也告訴一旁的先生不要打斷孩子，看看他要做什麼。

因為等待，他們看到了屬於孩子的不同風景。

只見小夏把每一本書的標題串連成一個故事，自顧自地說完，就像完成了他給自己設定的睡前儀式般，隨後就主動把書都收拾好，然後去睡覺，整個過程他的情緒也都非常穩定。

媽媽說，雖然孩子講的內容有些天馬行空，但他做的事情的確有其背後的邏輯和意義，只要沒傷害到別人和自己，她願意讓孩子保有自己的儀式感及安全感。

我想，此時媽媽已經可以體會，她眼前感受到的這些，如果沒有等待，就容易錯過，而小夏在被打斷想做的事情時，心情應該也不會太好受。媽媽帶著先生一同感受並學著解讀孩子的想法，一起正向面對孩子的困難，互相支持，給予溫暖，這段路，就有機會走得充滿能量又長久。

很多時候，慢慢來，比較快。

小夏和爸媽終於在這段不好走的過程裡，慢慢摸索出屬於彼此的理解與釋然。

陪伴技巧指引

* **孩子的社交技巧不佳，父母除了感受到自己的焦慮，以及急迫希望孩子改善以外，也要試著同理他的害怕與困惑。**

* 安排再多的療育課，都比不上父母的真心理解與陪伴，而療育課程所教的內容，回家也要練習才有效果。

* 做好自己能做的、能幫助孩子的，其他人的眼光和態度不要全部放進心裡。父母的情緒穩定，才能帶著孩子感受穩定。

* 在陪伴的過程中，試著慢下來、用心看，不是只用眼睛，也別只看孩子落後的地方，他正在進步、擁有的獨特之處，都要一併看進心裡。若日子在催促和追趕中度過，是很難感受孩子的變化。

* 伴侶間持續保持溝通，互相支援、鼓勵，良好的伴侶關係才能提供心理支持與安慰。

其實你擁有自癒自己的能力

我知道門口有個人，一直在等我

夜闌人靜時，我想起了小芯。

那時候，我還是個菜鳥心理師，她來找我，說想要預約諮商。那天的她看起來很憔悴，臉色也很蒼白，自述已經一段時間沒有食慾，東西吃下去就吐，正餐不吃也不會餓，但有時又會在凌晨餓到起床開冰箱吃蛋糕或麵包，因為有罪惡感就會再催吐，體重一、兩週內就掉了七、八公斤。她說因為每天都會哭，身體也很疲累，睡覺還會一直作惡夢。有去看了身心科，醫生說應該是壓力太大，導致自律神經失調。

我靜靜聽她說著自己的害怕及困惑，本來想要多問一些問題，好排除是否還有其他生理問題的影響，以便驗證我心中可能的假設。但我忍住了，讓自己好好地、全心全意地體會她此時此刻的各種情緒，也聽她述說著不敢對家人說出口的話。我心疼著原本該和其他同學一樣在二八年華盡情揮灑青春的她，卻獨自承受經濟壓力及對自己的諸多嚴苛要求。

在接下來的幾次諮商中，我愈來愈了解她，因為她願意說的事情愈來愈多，關於原生家庭，關於手足，關於工作，關於人際。我們共同檢視她生活上的諸多壓力源，並試著找出能夠減輕壓力的方法。這段期間，她也斷斷續續地回診不同科別，但依然不太想服藥，理由是打工及上課太忙太累，以致忘記。我們試過設定鬧鐘，試過買藥盒，她也嘗試改吃中藥，還是沒效果。

「你心裡是抗拒的吧？對於服用藥物。」面對我的詢問，她不置可否，總是笑笑以對。她說睡眠品質依舊不好，即使醫生調整過藥物，效果依然不佳，既然如此就不用再吃。對於藥物，她有自己的想法，但更多的應該是挫折與不信任吧？

考量她的年紀，我知道醫生通常會斟酌用藥劑量，在基準點上配合她對藥物的反應做調整，不過服藥通常需要一段時間才能夠看出效果。我只能告訴她，如果是因為藥物的副作用或者自覺效果不佳，還是應該和醫生討論比較好，而她總是溫溫地回答「好」。

因為一些突發狀況，我們暫停了一段時間的諮商。後來她回來了，自述體重又掉了好幾公斤，也不再回診身心科。她的整體狀態似乎又回到原點，回到幾個月前第一次來諮商的時候，甚至更差。

她說，這段時間想了很多，覺得不能再這樣下去，於是想辦法填滿時間，讓自己忙、瘋狂賺錢，甚至在身體最虛弱時仍一週兼好幾份工作，就只是希望不要給家裡添麻煩。即使她心裡明白，只要願意開口，家人都會幫忙付學費和生活費。

她蠟燭兩頭燒，課業和工作都想保有。我知道她心裡有個「結」，但我們諮商次數太少，暫停時間又太長，此時還不適合打開那個結。我重新調整步伐，想和她重新開始，所幸初期時的信任感還算有建立起來，希望能慢慢地、穩定地深入問題核心。

諮商過程中，我們嘗試就幾個議題討論，我也給她安排了回家作業，告訴她如果沒有進展也沒關係，我們就再嘗試其他方法。某天她告訴我，每次諮商回家都會再思考當天的內容，然後她有了一個新發現，覺得自己似乎害怕好起來，因為好起來之後要面對各種壓力狀況，怕自己會無法應付；還有，她想起了某人曾說過傷人的話，而那句話讓她對自己的身材產生自卑。

她說，一直以為自己早忘了那件事，從沒想過那個害怕、憤怒、受傷的情緒會一路跟到現在，影響自己。

沒有機會被好好處理的事件或情緒，常會阻礙我們與真實的自己靠近。

就這樣經過七到八個月、每週一次的諮商後，她慢慢有了轉變，不再把自己逼得那麼緊，也減少打工時間，雖然還是會嚷嚷收入減少；她開始願意讓自己休息，就算躺在床上什麼都不做的放空，又或者只是在房間裡做喜歡的事，都能感到歡喜，這是以前無法感受到的情緒，也不允許自己有這樣的行為；她還試著在假日和同學出去逛街、出遊，每日的行程不再只有打工賺錢和讀書；後來，她甚至交了男朋友。

她的生活開始有了很多改變，而這些變化正把她帶往好的方向。她的情緒更穩定，飲食漸趨正常，不再暴飲暴食或催吐，也能維持相對正常的體重。

終於，我們迎來結案的那一天。我更在結案一段時間後，收到一封來自於她珍貴的圖文信，經過她的同意，我截取了部分內容並略做排版如下頁。

收到信的時候，真的很感動，也很感謝我們的結案是帶著祝福和喜悅結束的。

§

小芯的改變，有很大的功勞來自於她自己，如果這段時間的陪伴，能讓曾經受傷的人從「心」長出力量，進而肯定自己並做出改變，是最讓人開心的事。

for 郁琳老師

因為有你 我才能更好

我很常把自己關在屬於自己的小房間，很害怕有人會硬闖進來，也很害怕被大家遺忘在裡面。兩年前認識你，你一直都在門外陪著我，不會像別人一樣硬闖進來，而是站在門口陪伴我，讓我不會感到害怕、不安，也知道門口有個人一直在等我。我每次都帶著好多好多負面情緒去找你，但你每次都用溫暖的笑容聽我講，陪我一起探索自己，教我解決壓力，和我分享很多趣事……

以前的我是沒辦法做出這樣的改變，通過和你聊天談心，做了測驗了解自我，學習放鬆心情，現在我不用靠藥物也可以面對各種難題。

我相信人都有潛力，也都有自癒自己的能力，或許，諮商只是一個引子，幫小芯勾出心裡的勇氣。

我很高興也很榮幸成為小芯生命中曾經支持她的力量之一，也相信往後的人生，她也能帶著這份勇氣和自信，繼續前行。

陪伴技巧指引

* 快承受不住身體、心理的壓力時，請找信任的家人、老師、朋友聊聊。
* 當你是那位被信任的人時，善用你的溫暖和微笑靜靜地陪伴、緩緩地回應，用好奇心邀請對方多說一點。
* 運用感官體驗及書寫的方式，與自己的心進行更深層的對話，試著用不帶自我批評的方式，將感受、情緒書寫或畫下來。
* 覺察並運用情緒詞彙安放生理與心理的感受，再透過放鬆技巧及自我對話的實作，抱抱受傷、疲累的自己，問問現在怎麼做，能讓自己覺得好過一點，然後試著去做，不要只是在腦海裡想想而已。

分數背後的被拋棄感

再多的擔心，也無法代替孩子過他的人生

小平是小學四年級的男生，由爸爸帶來諮商。進入諮商室時，他的頭一直低低的，不發一語。爸爸一身筆挺西裝，看起來很有大老闆的氣勢，不過可能是剛罵過孩子，看起來怒氣沖沖。父子倆眼神沒什麼交集，也沒有言語上的互動。

一坐定，不等我開口，爸爸逕自對他說：「今天帶你來，就是要請心理師看看你哪裡不對勁！月考考卷發下來，每科都考這麼差，考五十幾分，能看嗎？小四的題目能有多難，不然你好歹也考個六十分，我還比較沒那麼生氣。我看這分數，你是班上最後一名吧？你是要氣死我嗎？考前複習了，練習題做了，補習班、安親班也讓你去了，你是粗心大意還是怎樣？我跟你媽都是頂尖大學畢業，也都領公費出國留學，怎

麼會生出你這種小孩？你一、二年級的時候，考這種成績，我還能替你找理由，說你年紀小，還在適應考試這件事，但現在已經四年級了，考這種成績，你是笨蛋嗎？我還能指望你將來接手我的事業？」

爸爸連珠炮般罵著，不給我說話的機會，孩子的頭已經低到不能再低，爸爸生氣的表情我看了都怕，更何況是孩子。爸爸見我不語，可能意識到自己的行為不太妥，於是對我苦笑一下，說：「心理師，不好意思啊，我實在是太生氣了，這孩子就是欠罵，不罵他不會清醒啦！你幫我看看，他到底是哪裡有問題？怎麼腦袋都不像我們夫妻？」

我在心裡深深嘆了一口氣，望向小平，他沉默不語。雖然我很想說「爸爸，我覺得你罵成這樣也很需要聊聊！」，但話到嘴邊，還是先嚥了下去。我請爸爸到門外候診區稍等，我想單獨跟小平聊一聊。

爸爸貌似想再跟孩子交代什麼，手舉得高高指著小平，幸好，後來手還是放了下來。待他離開後，我對小平說：「辛苦了，一定很尷尬又難過吧，爸爸在陌生人面前這樣說你。」

小平抬頭看了我一眼，然後開始小聲啜泣。我望著他說：「沒關係，慢慢來，你想哭就哭吧！」他的眼淚不知道憋了多久，哭得連口罩都溼了，肩膀也因為哭泣而抖得厲害。他一邊哭一邊說：「我真的……已經盡力了，但我就是笨、就是蠢，我……我就是沒有妹妹聰明，但為什麼總是要用罵的，他們不知道我已經好累、好累了嗎？」

當你不斷指責孩子，即使話語裡有關心之意，孩子接收到的，也只會是你對他的嫌惡，而非愛。

§

一段時間後，小平的哭聲慢慢停下來，說了一些在家和爸媽互動的情形，還有在學校的課業及人際狀況。其實他一直在累積挫折，不管是在學校、在家裡，因為自身的能力限制，達不到爸媽和老師的要求，或許也因為大人有意無意地數落和嘲諷，班上同學甚至妹妹都開始嘲笑他。

對他來說，每一天都是酷刑，每一句話都像是針刺，爸媽常拿他和妹妹比較，造成了手足競爭、衝突等狀況，雖然他總是比不過妹妹。

激將法，對他而言，帶來的是反效果，而非爸媽期待的良性競爭。

小平在家裡、在學校都無法感受到「被接納」的歸屬感，沉重的壓力逼得他喘不過氣，被爸媽打從心底拋棄的孤獨和挫折感深深啃噬著他的心，甚至，也曾有過自我傷害的想法。

我問小平，平常的興趣是什麼？瞬間，他眼睛發亮，說：「我最喜歡研究海洋生物了，譬如……」小平滔滔不絕說著，就像話匣子突然被打開一般，也感受得到他的熱情，他真的看了很多相關的課外書。也許是驚覺自己講太久了，他突然用手摀住嘴巴，結結巴巴，彷彿受到驚嚇般說：「對……對不起，爸爸從來不讓我說這個，他說這個了解再多、再厲害也沒用，以後賺不了錢……」說完，他的眼神黯淡了下來。

「多麼可惜啊！」我在心裡想著。我邀請爸爸進來，根據事實給了爸爸正向的回饋，感謝他在工作繁忙中願意帶小平來，也很關心孩子的狀況。爸爸盛氣凌人，看似又要開口數落時，我先問他平日是否有觀察到小平的任何優點。他愣了一下，低頭沉思，久久不發一語。小平滿臉失望，別過頭去。

我繼續邀請爸爸試著回想，他嘟噥著說：「他……他很會認海洋生物，手作也滿厲害，上次組裝了一隻大鯨魚，但是我覺得，那個……」我請爸爸稍停一下後面要說的話，看向小平。我問小平聽到爸爸說的話有什麼感覺？小平頭低低的，顫抖的聲音仍止不住開心地說：「很驚訝，也很高興，因為爸爸從來沒有稱讚過我，我不知道他會認為這些是優點……」

爸爸聽完沉默片刻，我對他說：「小平很尊敬你，也很在意你的看法，他很希望能得到你的認可。可是，您可能有自己的期待和想法，對於您的目標，他追得很辛苦，有時候不是他不願意，是他做不到，不知道您願不願意試著了解這種挫折的感覺？」

爸爸看了看小平，淡淡地說：「其實我也知道他很辛苦，不過我就是恨鐵不成鋼啊！」

小平聽到爸爸說的話，淚流滿面。我問爸爸，下週是否願意邀請媽媽和妹妹一同前來聊聊，一起看看有什麼可以幫忙彼此。我特地加強了「彼此」二字的力道，而不是說「小平」。

爸爸想了一下說：「如果這樣對我們都有幫助，我回去問問看。」我知道爸爸聽懂了，他說的是「我們」，而非「小平」，他知道該調整的或許是整個失衡的親子關係和家庭關係，而不是小平一個人而已。

再多的擔心，也無法代替孩子過他的人生。

小平和爸爸離開時，回頭看了我一眼，他笑起來彎彎的眉眼很是好看。爸爸在最後十分鐘說的話，還有看著小平的那個眼神，有心疼，有焦慮，有氣惱，有思考，讓我對下一次的諮商有了期待的理由。

陪伴技巧指引

* 和孩子聊天，不是只有說教和數落，不是只有功課和考試。試著聊聊生活中發生的大小事、情緒和應對方式，帶著好奇靠近，也可以分享父母自己的生活和工作。

* 觀察並告訴孩子他的優點，即使那個優點與父母自己的期待有落差。

* 面對長期無話可說的親子關係，不要氣餒，可以持續釋出善意、調整改變，但不要期待馬上能回收孩子熱情如火的反應。冰山也需要時間融化，請給彼此多一點耐心。

* 想重建失衡的親子關係，不能只想著要孩子改變，而是關係中的每個人都要做出改變。

你要過生活，還是度日子？

在有限的日子裡，我只想好好和他「過生活」

再次遇到小劉和小梅夫妻倆，距離我們第一次見面已經過了兩個多月。小劉看起來比之前有精神多了，小梅的臉上也有了笑容。他們主動跟我打招呼，看起來非常自然而歡喜。

小梅說，幾個月前，小劉確診失智症後，夫妻倆都陷入愁雲慘霧之中。小劉在工作上因為狀況不斷，不得已申請提前退休。但小梅還需要上班，無法專心照顧他，上班時總是擔心獨自在家的小劉會不會煮東西忘了關火？出門會不會忘了回家的路？要擔心的事情很多，工作也很繁忙，晚上睡眠品質又不好，整個人心力交瘁，卻不想麻煩子女和親友。小梅有點不好意思地說，她曾一度悄悄安排了後事，想和小劉一起離開這個世界。

因為記憶力的退化，小劉經常記不清楚小梅幾分鐘前才交代的事情，次數多了以後，小梅就會不高興地責罵或抱怨先生。可能因為小劉過去曾經是公司的高階主管，記不得生活大小事所引發的挫折感，再加上症狀的干擾，常常讓他們大吵之後再抱頭痛哭。

小梅緩緩地說：「小劉患病後，家中生活整個亂了套，我還沒從他患病的驚嚇中恢復，仍停留在否認、憤怒的情緒中，覺得為什麼會是我們！但這樣想也沒用，因為我根本沒時間多想，就得立刻面對現實生活中的大小考驗。我不知道未來的日子要怎麼過下去，常常覺得很憂鬱。」

我聽完後感到很詫異，不解為何才隔了幾個月，小梅不僅有了笑容，小劉看起來也精神奕奕？我趕忙詢問這段時間是否發生了什麼事，或許可以讓其他家庭作為參考。

小梅笑著說，一開始她會求神問卜，也會帶小劉去各大廟宇參拜，後來經人介紹，看了不少中西醫做各種治療，希望能延緩認知退化的程度。後來在醫生建議下，他們參加了社區據點舉辦的課程和活動，讓小劉不要因為患病就和社會脫節，過程中她也向其他家屬請教，心情才稍微安定了些。

兵荒馬亂的日子過了一段時間，她決定開始轉念，心想既然遇到了，就得面對。所以在上次與我談完後，她和先生便積極討論之後該怎麼過生活。她說：**「我不想未來只是『度日子』，我想在有限的日子裡，和他好好『過生活』。」**

這真的不容易，我打從心底為這個家庭、為小梅和小劉喝采，我對他們說出了我的敬佩之意，也很為他們的進展感到開心與支持。小梅含笑收下了我的讚美和鼓勵，小劉則顯得羞赧，說要感謝太太沒有放棄他。

由於小梅白天要上班，所以她選擇晚上陪小劉去里辦公室舉辦的書法課學書法，那也是他患病之前的嗜好。

小梅私下和授課老師打過招呼，簡短說明了小劉的狀況，老師對他也有較多的包容和鼓勵。在課堂上，小劉並沒有被同學當成特殊人物對待，加上學員人數少，有時候老師還能個別指導，所以他的書法突飛猛進，更顯自信。

小劉透過寫書法似乎得到了精神寄託，小梅說，可能因為持續都有在做中西醫治療，穩定服用藥物，再加上能繼續做他感興趣的事，也保持一定的人際互動，因此小劉顯得很平靜，注意力也比之前更好。由於他的書法作品經常得到稱讚，臉上的笑容也多了，這是他們始料未及的事情。

小梅笑著說，原先只是想讓先生有事情做，不要只是在家看電視，現在有這樣小小的進步，他們已經很滿足了。她和我分享手機裡拍攝的書法作品，我驚嘆連連，他們夫妻倆也覺得很開心。

§

在這個不容易的過程中，「陪伴」是很重要的事。

他們一起走過面對診斷時的風風雨雨，雖然未來隨著病程的演進，他們得面對更多的挑戰，但是他們沒有放棄希望、放棄自己，反而努力讓生活能夠繼續下去，甚至比以前更有目標，這就足以讓人為他們喝采。

我很謝謝小梅和小劉願意和我分享近況，也願意讓其他家庭參考他們的努力過程。每個階段都不容易，但活在當下、照顧好自己是最重要的事，而他們沒有忘記，也在身體力行。在每天都有不同挑戰的日子裡，在驚濤駭浪中，他們仍努力地揚起人生的風帆，穩定前行。

原來，平淡、平凡、平安的日子是一種奢侈，也是我們最終想要追求的小日子。

陪伴技巧指引

* 透過轉念，將注意力帶回現在，面對、接受、處理、放下。

* 重拾過往興趣，讓興趣有機會擴展成能自我肯定或被肯定的事，並連結有意義且溫暖的人際關係。這些都有助於維持情緒穩定，延緩大腦退化的程度與速度。

* 不放棄希望，也不放棄彼此，身體力行活在當下。

不被允許的難過情緒

帶著否定的讚美，不如不說

我第一次遇見米米，是在醫院工作的時候，那時他剛要升小一。父母帶他來求助兒童心智科醫師，因為覺得他個性衝動、在學校調皮搗蛋、人際關係不佳、挫折忍受度低、情緒起伏大，尤其很愛生氣又黏人。

某次，我和米米一起玩一個有輸贏的遊戲時，我刻意暫居劣勢，並在過程中和他隨意聊聊，想藉此觀察他對弱者的態度和反應，以及他在比賽占優勢或劣勢時的表現是否如同父母及師長的觀察，常無法接受有輸贏的活動或比賽，情緒是否也常因此有所起伏或失控。

突然，他對我說：「輸了沒關係，再努力就好了……」

我對他說：「你人真好，我玩遊戲輸了，你還會這樣安慰我，真的很棒耶！」

他搔搔頭，微微笑，一副很不好意思的樣子，還說：「很少人稱讚我，老師，你是第一個！」

我盡可能壓抑住驚訝的情緒，平靜地問：「真的喔？」

他點點頭說：「是真的！因為我在學校玩遊戲時，大家都不喜歡和我一組，所以我都會去搗蛋，希望他們覺得我好玩而來跟我玩。」

天哪！原來是這樣，因為想得到友誼、想得到關注，所以即使會被貼上調皮搗蛋的標籤，也在所不惜。

我又繼續問：「你覺得大家為什麼不想跟你玩啊？」

米米的頭連抬都沒抬就立刻說：「因為覺得我很笨又愛哭吧！我常被老師罰站，所以大家都討厭我！」

我說：「如果你和別的小朋友玩遊戲輸了，也會像安慰我這樣安慰自己嗎？」

他沉默了一下，說：「我應該還是會很難過，而且可能會哭喔！」然後，他把頭低下來，用很小的聲音說：「但是，爸爸媽媽要我像個男子漢，不能哭，尤其不可以在大家面前哭。所以我會讓眼淚在眼睛裡面，就像這樣（雙手開始比畫）。我真的很不開心的時候，回家就會躲在房間裡偷偷哭一下下，但是不能讓爸爸媽媽發現。」他比了一個「噓」的手勢。

米米很清楚知道，**「難過」的情緒，在家裡是不被允許表達的。**尤其他是男孩子的這個身分，被賦予更多情緒宣洩上的枷鎖。仔細詢問後發現，爸媽對性別的刻版印象及期待，深深禁錮著這個孩子，例如舉止要大方、要有禮貌打招呼、要有自信、不要經常哭哭啼啼，還有玩遊戲時不管輸贏，都不要有太大的情緒反應讓人看出來。

我又問：「那如果你在學校很想哭的時候會怎麼辦啊？」

米米得意地說：「很簡單喔，我就發脾氣，當我很生氣、很生氣的時候，就會忘記哭了！」

原來是這樣！他把想哭的情緒壓下去，用一個他自覺安全的情緒來替代，即使這樣的情緒讓他在人際關係中並不討喜，但似乎暫時成功避開了在爸媽面前「男孩子哭就是軟弱」的形象。

我說：「這方法好特別喔，是誰教你的呢？」

「沒有人教我，我看就會了。有一次爸爸和媽媽吵架，我躲在房間，看到媽媽哭，但她只哭一下下，就很生氣地拿桌上的東西丟爸爸，後來媽媽就沒哭了。所以，我以後想哭的時候就學媽媽發脾氣，這樣很有用，就不會哭了。」米米天真地說。

我沒有對米米的話做評斷，也不否定他，只是謝謝他告訴我他的想法。「聽起來，爸媽很少稱讚你嗎？」我一邊看他堆積木，一邊又問。

他點點頭說：「他們說做得好是應該的，做不好就是我的問題。」

我微笑著鼓勵他，說：「但是，我很高興你願意告訴我，能像這樣說出自己在玩遊戲時的心情，還有聊聊你對爸媽的想法，我覺得你很棒耶！」

米米聽了非常開心，彷彿自信心被加滿油般的雀躍。

§

之後的遊戲治療，我針對米米挫折忍受度低及情緒轉換的部分做了一些處理。例如米米喜歡畫畫，所以我利用遊戲書中的教學口訣，讓他學會了畫猴子，他練習了幾次後就已經能畫得不錯。接下來，我讓他做最喜歡的活動——在白板上書寫。

米米喜歡拿筆在白板上書寫或作畫，有種當小老師的感覺，或許某種程度也彌補了在學校無法得到肯定的失落。我認為這能提升他的自信，便拿來當增強物，也會固定使用在我們的互動中，一併觀察他的情緒反應。

某次，我邀請媽媽加入課程。我對米米說：「你要不要試試在白板上畫那隻你學會的猴子？」

米米點頭並興沖沖地畫完，然後高興地回頭看我們，他的眼神望向媽媽，帶著期待。果然，媽媽只是點點頭，什麼都沒說，米米的反應就像洩了氣的皮球，臉部表情瞬間垮了下來，背對我們不發一語。

我沒有立刻處理孩子的情緒，只是和媽媽聊著，我知道他有在聽。我問媽媽：「米米練習時很認真，畫了很多次，就是想要表現給你看喔！你覺得他畫得怎麼樣呢？」

媽媽說：「是喔，才這樣幾筆而已，還要練習很多次？不過，我覺得畫得還可以啦，至少有努力就好。」

關心的話，不要反著說；讚美的話，根據事實具體地說。

我委婉地跟媽媽討論她說的這段話，雖然聽起來部分是讚美，但實則帶著否定的意味，這對比較敏感或沒有安全感的孩子來說，這樣的讚美不如不說，因為這樣的話語反而會讓孩子處在自我懷疑的矛盾中。

媽媽露出有點驚訝但又瞬間收斂的表情，她冷冷地說：「是嗎？我也是這樣走過來的啊！我爸媽從小也是這樣跟我講話，我和我老公總是這樣互動，我從不覺得有什麼問題！」

我在心裡暗暗說了聲不妙。原來原生家庭的教養模式已經代代相傳，但米米的父母渾然不覺，甚至不覺得不妥，即便他們發現孩子已經有些情緒及心理議題需要協助。

§

在這次互動過程中，媽媽的反應自然呈現出內化的價值觀，而孩子與媽媽的互動更讓我看清楚原生家庭對米米的影響，甚至三代間的教養模式是如何影響爸媽和他。

米米的愛生氣，其實反映的是他對情緒的壓抑與誤解；黏人，是他試圖從情緒不輕易外顯的父母那裡得到安全感；情緒起伏大，對照父母希望他喜怒不形於色，顯然是有所衝突，父母希望他壓抑情緒，以致他的情緒不僅無法得到接納或撫慰，更因為壓抑而無法自然展現；自我價值感低落、缺乏自信等狀況，可能也與原生家庭的教養方式有關。

米米的爸媽感受不到自己需要做出調整，所以即便對照過去童年時無能為力的自己，現在長大有力量了，也無法做出改變。因此要幫助米米，也許得先從他的爸媽開始。

要先覺察，才有機會改變。
視而不見的負面迴圈，逃不出的惡性循環，只會一代又一代地傳遞下去。

陪伴技巧指引

* **孩子有好的表現，不要吝於給予肯定和讚美。根據事實具體地給予讚美，能讓孩子更了解自己值得肯定之處。**

＊我們給不出自己沒有的東西。若希望孩子有良好的情緒調節能力，父母本身也要能做出示範並允許表達情緒。

＊孩子的情緒表達較弱時，不要一直催促或威脅快點說，可以給予一段時間思考，並告知願意等待及已預留時間，降低孩子的焦慮。

＊大人已經有能力改變過去不合時宜的親子互動方式，所以若不認同原生家庭的教養模式，可以試著改變。

幸福不是「理所當然」

她的笑容讓我體會到，原來幸福可以是這種純淨的樣貌

當我還在醫院當實習心理師的時候，小櫻被社工和媽媽帶來評估，她是個身材瘦小、怯生生的五歲小女孩。聽社工說，小女孩因為家庭變故，比同齡孩子遲了好一段時間才上幼兒園。或許是在醫院一下子接觸到太多陌生人，又被醫師及各領域的專業人員輪流評估，小櫻顯得非常焦慮。

輪到我和她互動時已經是最後一種評估。她一直低著頭不敢看我，雙手放在桌下，不時扭著手指頭或抓著自己的衣角，就像一隻誤入叢林受驚的小白兔，所以我和她說話的聲音盡可能輕柔，深怕嚇著她。

評估，不僅僅是看整體分數呈現的意義做解讀，行為觀察也是非常重要的一環。

當例行的評估結束後，小櫻好像沒那麼害怕了，頭也稍微抬高，還會偷看我。

我沒有刻意回看她，避免她緊張，只是隨口問她喜歡什麼卡通或動物？喜歡上學嗎？在學校有沒有好朋友，他們的名字是什麼？她常常一個問題思考良久，但最終還是沉默。她有時說起話來結結巴巴，難成一句，偶爾還會顧左右而言他，答非所問。

我又問她平常在家都做些什麼？她眼裡閃著亮光，很有自信地說：「我會幫媽媽照顧小妹妹。」我被她突如其來的宏亮聲音和完整回答嚇了一跳，原來她還是能這麼大聲又自信地回話啊！

我見機不可失，趁勝追擊多問了幾個問題。看得出來，小櫻對於自己有把握且熟練的家務事很有信心，也願意多說一點，只不過入學較晚，學習能力還在提升中。而評估結果，反映出部分能力的確較同年齡孩子弱，當然，也不能排除是答題時太過緊張的緣故，倒是生活化的題型表現得還不錯。

§

在一來一往的互動中，我看小櫻稍微放鬆了些，便再多問一些基本問題。我問了她的年紀，以及是否聽過十二生肖的故事。她低下頭，小聲說家裡沒有故事書，爸媽和阿嬤每天工作都很忙，也沒有說過故事給她聽，但幼兒園的老師有唸過。

我趕緊表示沒關係，請她隨便猜猜十二生肖是哪些動物就好。大概是聽到可以用猜的，她鬆了一口氣，開心地用手指頭邊比邊說：「老鼠、牛、獅子、狗狗、貓咪、公雞。」然後囁嚅地說自己猜不出來了怎麼辦……

我笑笑地回答：「你已經說了很多動物，很棒喔！那老師再換另一個方法問你，你再猜猜看唷！」她興奮地點點頭，用期待的眼神看著我，我瞬間有股心酸的感受湧上心頭，但我察覺後立刻讓自己回神，專注在和她的互動上。

我說：「有一種動物很凶，皮膚的顏色大多是土黃色，身上有條紋，你猜猜是什麼動物？」

她想了想，搖搖頭說不知道。後來，我告訴她是「老虎」，她默唸了幾次，但沒一會兒就忘了。

她要和社工離開前，我用遊戲的方式配合老虎的叫聲，希望能幫她記起「老虎」這個詞。幾次之後，她有點挫折，小聲說：「我記不起來。我家沒有故事書，也沒有電視，我沒去過動物園，不知道牠長什麼樣？」她講的時候，我想著自己是不是讓她過於受挫了？但又覺得怎麼可能記不起來，就兩個字，還練習了那麼多次！

當我這樣想的時候，我的理智狠狠地敲了自己一下，告訴自己很多事情不是理所當然應該是A或B，這個世界很大，人也有各式各樣，自己覺得應該記起來的事情，不見得別人就能記起來，**不要以自己為立足點的「比較」心態，去懷疑或猜測。**

後來，因為距離下個個案還有一點時間，在徵得社工和媽媽的同意後，我陪小櫻去圖書區找老虎的圖片，我想透過「圖像式記憶」和「複誦」來幫助她記憶，這兩者結合應該會有用。她很開心終於看到老虎長什麼樣子，不管是卡通Q版還是真實版的老虎，她都看到了，也笑得很開心，還拉著媽媽說：「我今天認識了老虎喔！」

她的笑容，是那樣澄澈而純粹，就僅是為了學習到一個新的事物而由衷開心著。

她讓我體會到：幸福，原來可以是這種樣貌。真希望她的笑容能一直持續下去。

§

每次看到成長過程很辛苦的孩子，我都很慶幸自己至少還有一點能力，可以在不同面向給予他們協助。即便能給予的不多，但是如果能看到他們因為一些小小的付出露出大大的笑容，就覺得很值得。

抱持著理所當然的心態去面對擁有的一切，就會忘了該珍惜與感恩。

每個家庭都有各自不同的辛苦，我相信小櫻的家庭也是，即便家庭經濟再怎麼不佳，父母也沒忘了在孩子需要醫療的時候給予及早的介入，父母的不放棄，是這個孩子的福氣。

贈人玫瑰，手有餘香，在行有餘力時，試著給予他人一些溫暖，即便這樣的溫暖看似微不足道，但它帶來的餘韻都會在彼此的心底縈繞、擴散，種下一顆善的種子。

陪伴技巧指引

* 面對口語表達或能力較弱的孩子，請給予時間和耐心，用鼓勵、提示的方式增加表達的意願和信心。如果仍無法回答，使用是非題或選擇題的封閉式問話方式，好過使用申論題提問。
* 透過繪本或圖卡這類具圖像式記憶功能的輔助物，加上複誦練習，兩者的連結效果能更有效地幫助孩子理解及記憶。
* 「換位思考」有助於我們去同理他人的難處。

第三部

你眼中的不完美

13

憤怒的情緒需要被讀懂

盡力之後即使不完美，還是值得為自己喝采

我和小烈的緣分很特別，我在醫院認識他的時候，他應該是中班或大班左右的年紀。小時候因為衝動特質明顯，加上與人互動時只說自己喜歡或感興趣的事情，對別人說的話不在意也不關心，所以人際互動過程中經常受挫，也讓爸媽及老師傷透腦筋。

當我離開醫院幾年後，有段時間到國小代課，恰巧又遇到他，這時他已經是小二生了。因為這個機緣，讓我一星期中有幾堂課的時間，可以到教室實際觀察他上課的狀況。

某天上課前，導師好意提醒我，小烈今天在班上狀況很不好，可能得多幫幫他。

後來，果然只是因為在上課時找不到橡皮擦，他的情緒就被引爆，在班上用吼叫的方式對同學生氣，還把圖畫紙亂丟，更在上課時間跑出教室。

後來，我用他最期待的「魚拓製作」當增強物，他願意為了這個增強物乖乖進教室學習，這是我們之前就約法三章的遊戲規則。但他太心急，在我要和他討論教室行為時，試圖用手摀住我的嘴，不讓我開口說話，但陰錯陽差反而打到我的臉。

一陣兵荒馬亂後，待他冷靜下來，我和他就剛剛事情發生的始末進行討論。他知道自己因為小事就亂發脾氣，還影響老師、同學上課，又衝動打到我。他說了對不起，真心誠意表示下次一定會努力控制情緒。

經過幾堂課的互動，小烈盡力表現、也很配合上課應該遵守的規矩。在達到我們約定好的乖寶寶點數後，我跟他預告將在某天下午展開我們的魚拓製作。

其實，早在知道點數快要集滿、可以做魚拓的前幾天，小烈就一直處在興奮狀態，常常問我還剩下幾天。我透過具體明確的要求，繼續鼓勵他有良好行為，包括上課時間屁股要黏著椅子、上課時間不隨意離開座位走動、上課想發言得先舉手等老師同意才可以說話等等。

為了能製作魚拓，他真的很忍耐，也很努力，我都看在眼裡，小烈的媽媽和老師其實也有感受到。我們約法三章的項目難度並不高，大概介在他原有能力再難一點點的程度，白話來說，就是有機會能做到，但又可能做不到，是需要比平常多一些努力才行的程度。

研究顯示，這樣的標準不至於讓孩子太挫折，也能激起動機，不會馬上放棄。而我們約法三章的內容不僅僅是在校期間，在家也要做到，這對有衝動特質的他來說，很多時候真的很辛苦，但他一一通過了。

§

製作魚拓的時間訂在下午，小烈媽媽在約定好的下課時間到校，帶來了泡過清潔劑的吳郭魚，要浸泡的原因是因為要洗掉魚身上的黏液，方便之後可以上色，這需要費點工夫，所以麻煩媽媽在家裡處理過再帶來。

上顏料時，我讓小烈盡情發揮，他很有自己的想法，用了不同的色彩詮釋他最愛的魚。讓人驚喜的是，完成品意外的有一種和諧的美感。他在製作過程中，常會因為害怕失敗而生氣，一度還氣到拿水彩筆畫我的手。我因為知道他的衝動控制不佳，也很清楚他的某些特質，所以這段製作過程就當做在上情緒課，寓教於樂，媽媽正好也在一旁觀察、幫忙。

當第一張魚拓完成要再製作第二張時，他想在紙的空白處寫上「年年有魚」，於是先在白板上練習，但又不希望我們幫忙提示寫法。他的「年」字因為缺口方向寫反，又開始對自己生氣，覺得破壞了作品，便把氣出在奇異筆上，在桌子亂畫，差點又把筆弄壞。

每個人在面對挫敗時，心中那道過不去的關卡因人而異，也因為有個別差異，所以得用不同的方式來梳理情緒。

面對小烈，我嘗試用口語幫他說出情緒，配合深呼吸或放鬆訓練，讓發燒的杏仁核可以冷卻下來。我是這樣說的：「這個『年』字，你覺得寫錯了，所以很生氣！（停頓）你覺得錯字在魚拓旁邊看起來不完美，好可惜喔！」是這樣嗎？小烈點點頭，情緒好像稍微和緩。

當情緒能被讀懂、能被翻譯出來，四處流竄的憤怒就找到了能安放的位置。因為我幫他說出了糾結在內心的具體和抽象情緒詞彙，也說出了他的感受，由於被同理了，於是高昂的情緒就可以慢慢降下來，前額葉的理性才有機會發揮作用。

情緒覺察與梳理的過程需要常常練習，也必須有足夠多的情緒詞彙供運用和選擇。當情緒詞彙不再只有喜怒哀樂，還有委屈、失落、自卑、可惜、興奮等豐富詞彙可以反映感受，我們就能愈快接近情緒源頭進行處理。

遇到情緒事件時，試著先處理心情，再處理事情。

後來經過小烈同意，媽媽在白板上示範「年」字的寫法，以拆解部首的方式協助小烈練習，並給予鼓勵以降低挫折感。一陣折騰後，小烈已經學會寫「年」，情緒也穩定多了。

§

作品全數完成後，他告訴我，除了寫錯的那張不算，還有兩張還不錯的魚拓作品，他想將比較不完美的那張送給我。因為魚鰭的顏色有部分沾染到另一種顏料，小烈因而認為它不夠完美，這是他主觀上對「不完美」的定義。我笑笑說好，一方面是因為我覺得兩張都很漂亮，而且是他送的，我都喜歡；另一方面我知道對他來說，「完美」是他心裡的一道坎，現在還跨不過，需要慢慢來，他願意分享已經值得肯定。

我試著接納他的情緒，也陪著他經歷情緒，試著看到他的優點，而不是只看不足之處。

現階段的小烈是辛苦的，但如果身邊能有人支持、包容並引導他，就能讓他在每經歷一次跌倒，都還能拍拍身上的泥土再站起來，也能體會盡力之後，即使不完美，還是值得為自己喝采。

陪伴技巧指引

* 透過平常對孩子的了解，可以嘗試使用增強物來幫他做行為上的調整。但增強物的使用要謹慎，也需要經過討論。
* 要求孩子時盡量具體可行，並減少使用「不要……」的說法。例如，上課時間不要離開座位走動，改以「上課時屁股要黏著椅子」。
* 標準的訂立是依孩子程度，而不是依父母期待，最好是比孩子的能力高一點就好。介於好像達得到但仍需努力一些才可以達到的程度，不要一開始就訂得過高，容易讓孩子挫折，也失去學習的興致。
* 試著讀懂孩子的情緒，也可以協助講出情緒詞彙來同理對方。如果親子間的負面情緒都很高，請暫時拉開物理距離，待情緒緩和再對話。
* 遇到情緒事件時，試著先處理心情，再處理事情。

婚姻裡，我一個人寂寞

多少次不敢哭出來的眼淚，
都在現實生活中自動調整成無聲模式

諮商室裡，小惠說著自己心裡的痛和不滿。

每天下班，總是踩著急匆匆的步伐趕到婆家接小孩，匆匆謝過婆婆，就要帶孩子回家，心裡盤算著時間，得趁先生回家前做好晚餐，然後陪孩子洗澡、唸故事書、哄他睡覺，接著收拾家務。

某天去接孩子的時候，孩子拿著心愛的玩偶站在婆家門口，用稚嫩的聲音問：「你是不是嫌麻煩？」

小惠被孩子突如其來的一問，丈二金剛摸不著頭腦，此時孩子身後傳來婆婆碎唸的聲音，意思好像是說：「你媽不想讓你帶回家，你就放在這裡啦！她怕你弄髒，弄髒洗一洗就好了啊，真是！」

小惠忍著沒多說，畢竟在孩子面前不好發作脾氣，就讓孩子帶著玩偶一起離開。路上，孩子童言童語地說：「阿嬤說你買的玩偶好臭，還有細菌，會讓我過敏，她不喜歡。」孩子自顧自地說著，沒看到媽媽疲憊的神情下還有些憤怒與無奈。

孩子天真地問著，但稚嫩的臉龐、單純的心思，看不懂大人眼裡的風霜。

§

小惠在訴說時，突然間好像明白了什麼。她苦笑了一下，身體癱在沙發上說：「我真的好累、好累了，我好想哭，好像怎麼做都不對，女人真的何苦為難女人！」

我對小惠說：「辛苦你了，這真的不容易！」我讓她的情緒稍微沉澱。她哭完後，我問：「你工作這麼累，回家要帶小孩，還要做家事，忙得過來嗎？先生會共同分擔家務嗎？」

小惠嘆了口氣說：「我們交往一個月就結婚了，那時候是熱戀期，看什麼都覺得很美好。我太笨了，交往時應該去他們家走走，看看他們家人間互動的狀況才對，就不至於像現在這樣。那時太年輕、太單純，我沒有和先生討論過婚後的家務分配、經濟和孩子的教養問題，總覺得只要相愛，什麼事情都能解決；至於婚後更不用說了，根本沒機會討論。」

婚後的小惠，蠟燭好幾頭燒，工作和家務都落在自己頭上，這才發現先生是個典型的媽寶，什麼家務都不會做也不想學；生活中的大小決定都要請示媽媽，沒有自己的主見；看到累出病的她，也不知道安慰，只在意自己晚上下班回來沒飯吃。對於孩子也沒什麼責任感，更別說陪孩子洗澡、睡覺了。小惠開始懷疑，自己是否養了兩個兒子，一個是巨嬰先生，一個是真正的兒子？

原來，只有愛，是撐不起一個身心俱疲的靈魂和身軀的。

小惠說：「我真正開始察覺到自己不對勁的時候是婚後第二年。我常常沒來由的疲累、發燒、睡眠品質不好、食慾減少，也有一些負面想法，總是檢討自己是否做錯事，才惹得婆婆不開心？或者禮數不夠周到，沒有盡到做媳婦的本分？還是孩子讓婆婆帶得很累，所以心情不好而遷怒我？又或者，其實根本沒什麼原因，就是討厭我罷了？後來，朋友看到我這樣，就鼓勵我來看身心科和預約心理諮商。」

在這個家庭劇本裡，照小惠的說法，先生貌似選擇躲避婆媳之間的戰場，也在婚姻裡逃避屬於自己的責任，放任她一人孤軍奮鬥。

婚姻裡，多少次不敢哭出來的眼淚，都在現實生活中自動調整成無聲模式。只有在黑夜裡，一個人的獨處時刻，配合著浴室的水聲，方能痛哭一場。

我同理小惠為了兒子，盡力扮演好媽媽的角色；為了先生，盡力扮演好太太的角色；為了婆婆，盡力扮演好媳婦的角色；為了工作，盡力扮演好員工的角色。但她忘了自己不只是誰的媽媽、誰的太太、誰的媳婦、誰的同事而已，她也是人，有屬於自己的喜怒哀樂，也有興趣嗜好，還有自我。

她先是一個「人」，而後才有那些身分和角色。

小惠點點頭，哽咽地說：「我好懷念單身時候的自己，是那樣的自由、無拘無束，不用看人臉色，不用伺候一家大小。雖然我很愛兒子，但我真的好累，好想閉上眼睛睡一覺，就睡一覺就好，誰都別來吵我，我真的太累了。心理師，我是不是太脆弱了？大家不是都說為母則強嗎？我為什麼會這樣？」

我看著小惠在婆媳與伴侶關係中糾結受傷，無法給她想要的答案，或許，我也沒有答案。畢竟，想要改變別人或想知道別人為何惡意對待，從來不是件簡單的事。

§

在諮商過程中，我們試著檢視、調整、修正認知模式，也學著做出合乎事實的假設，將「非理性信念」中的「一定、應該、肯定、絕對」的用詞，改成「我希望」、「我期待」，讓自己活得更有彈性，也放自己一馬。此外，透過檢查自己的「自動化思考」，了解自己是否常曲解或誤會他人的想法，因而不自覺就落入「受害者」的角色裡。

我們常用理智去檢視自己在關係中的挫折或傷口，想去分析原因、去找答案、去查對錯、去責怪，卻很少或不敢真正去「感受」——感受自己的各種情緒，及其對應到的生理變化。

或許，在受了傷的時刻，不是非得逼自己在理智上去原諒誰，或找個人來責怪，而是只要能讓自己在梳理情緒的過程中，透過「自我對話」看見失落和委屈，寬容一點對待自己，試著看見、擁抱、撫慰自己，不受困於「他人看不見，自己也不理解自己」的委屈裡，我們就能痊癒得好一點、順利一點。

我用陪伴接住小惠的悲傷，讓諮商室成為她可以放心哭泣的地方，她的哭聲在這裡不用調成靜音，再也不必無聲，也不需要配合浴室的水聲才能夠釋放。在這五十分鐘裡，她不是媽媽、不是媳婦、不是太太，她就只是小惠，有自己的喜怒哀樂、歡喜悲傷。

§

在她情緒穩定之後，我和她討論有沒有機會讓自己每天抽出十分鐘獨處？這個獨處時間裡可以做任何喜歡的事情，無論發呆或聽音樂，外出走走也行，這段時間是她專屬的「精心時刻」。

「每個人都需要這樣的時刻。」我看著小惠的眼睛對她說。她點點頭，喃喃地說：「我的確需要，我平常對自己實在太嚴苛，一刻都沒想要放過自己。」

此外，我鼓勵小惠和身心科醫師討論，透過藥物幫助現階段的她，不管是在睡眠品質或是情緒上。我也提醒她，盡可能不要自行停藥，給藥物一點時間發揮藥效，如果對藥物副作用有疑問，務必回診和醫師討論。

同時，我也建議小惠下次鼓勵先生一起來，伴侶諮商或許更適合他們。畢竟，只靠小惠努力想撐起一個家的和諧，對現階段身體已經出狀況的她來說，身心負荷都到達極限，同住的家人必須知道，並適時提供必要協助。

小惠離去時的腳步還是很沉重，但心情已沒有來時的低落。

婚姻裡孤立無援的寂寞感，可能是壓垮她的最後一根稻草。希望她身邊有其他支持系統能成為她的力量，為已經長久處在黑暗中的她帶來一絲曙光與溫暖。

陪伴技巧指引

* 調整認知模式，做出更合乎事實的假設，並學習將「非理性信念」的用詞，改成「我希望」、「我期待」，讓自己活得更有彈性，也放自己一馬。
* 檢查「自動化思考」，了解自己是否常曲解或誤會他人的想法，而不自覺落入「受害者」的角色。
* 在受了傷的時刻，不用替自己套上「聖人濾鏡」，逼自己去原諒誰；而是在梳理情緒的過程中，能寬容一點對待自己，給予溫柔的安慰，並接住脆弱的自己。
* 如果沒有特殊狀況，請讓伴侶知道你現在的身心狀況，或尋求伴侶諮商的協助。
* 給出喘息和獨處的時間來修復自己，必要時尋求醫療協助。
* 試著調整看待事情的方式，認清改變他人不容易，或許調整自己還比較有機會。

當孩子被情緒化語言灌養

看見孩子的亮點，幫他建立自信、欣賞自己

當我還是實習心理師的時候，曾遇過一位四歲孩子，小利。媽媽帶他來評估時，告知孩子情緒敏感、語言表達弱、固執、愛哭。尤其自信心不足，常覺得自己什麼都做不好，對自我要求很嚴格，遇到挫折就會大哭。

小利平時和媽媽、外公、外婆同住。媽媽個性溫和，但外婆對他的要求相較於媽媽高出許多，對待小利的方式，常依照自己的心情，很情緒化。

在一對一互動之後，我發現小利非常聰明，喜歡發問，幾乎過目不忘，而且喜歡故事性的情節及角色扮演。所以我常藉由角色扮演的互動，透過他的反應，勾勒出他和家人互動的輪廓。

某次互動時，小利問我：「如果很喜歡他，要怎麼辦？」以我當時對他的了解，他想要問的應該是：「如果我很喜歡一個人，要怎麼表達才能讓對方知道？」我用他了解的詞彙告訴他：「如果是你的家人，譬如爸爸、媽媽、外公或外婆，你可以抱抱他們，或跟他們說『我喜歡你』；如果是你的朋友，你可以給他一個微笑，也可以告訴他『和你一起玩很開心』，你可以試試看喔！」小利點了點頭，笑笑沒再多問。

幾天後，小利來上團體課時，媽媽和我分享小利在家突如其來的情感表達。她說下班回家時，小利突然跑來，對著正蹲下脫鞋的她擁抱，口裡還說著：「我喜歡你！媽媽辛苦了。」媽媽的感動溢於言表，也讓我感受到「親情的溫度」。

那時我才恍然大悟，小利那天問的話原來是這麼回事！他在醞釀想對媽媽表達的情感，也在學習如何透過語言和肢體動作表達心中的感受，這對他來說，是很大的進步。

小利如果能學會使用語言或行為表達情緒，就不用每次都透過哭泣或亂發脾氣來反映情緒。

有些孩子說不出想表達的情緒時，就會以一些能吸引旁人關注的動作或行為來反映，例如，他們可能會透過生氣、自責、哭鬧或唱反調的方式來呈現。若是我們只看表面情緒就處理行為問題，有時會找不到真正的情緒困擾源頭。

小利的學習能力很強，但挫折忍受度很低且沒自信，我猜測可能與家庭氛圍有關，所以，我另外找時間和媽媽聊了一下。媽媽說：「可能因為小利從小顯露出一些音樂天分，讓外婆期待甚高。也或許因為外婆求好心切，當小利的表現未達到期待時，她就習慣性的以言語責備，有時候連我都看不下去，會出聲制止她，但仍然很難改變她的習慣。」

她接著說：「會帶小利來醫院看診，也是因為每每看到他受挫或焦慮時，都有自我挫敗的言語出現，覺得自己很糟糕、很笨，甚至還會抓頭髮抓到圓形禿，或是把手指頭摳到流血的狀況，我才覺得事態嚴重。」

良言一句三冬暖，惡語傷人六月寒。

後來，我試著在外婆帶小利來上課時，用「三明治溝通法」和外婆互動。首先，用正向、肯定的語言鼓勵她在教育上對小利的用心，再將我想建議或說的話，夾在中間提醒她，我還告訴她，小利很在意她說過的話，也都學了起來。我唱作俱佳地模仿給她看，她先是一愣，然後露出有點尷尬的笑。最後，我再次鼓勵外婆。我告訴她，如果小利能夠得到她的協助，表現會更好，例如，在家時可以增加正向的鼓勵話語，讓他情緒穩定，也建立自信。

外婆點點頭表示會盡量試試，但嘴裡也咕噥著：「以前大家都是用我這樣的方法教孩子的，從沒聽說有什麼問題啊！而且既然小利那麼聰明，那就要培養，不然豈不浪費天賦？嚴格才能出狀元啊！」她悻悻然低聲說著。我假裝沒聽見她的咕噥，只是笑笑地拜託外婆幫幫小利。

§

教養本來就沒有所謂的誰對、誰錯，但如果僅是因為孩子有天賦，就剝奪了童年玩樂、探索環境及嘗試錯誤的權利，還加諸了大人的期待在孩子身上，這就值得深思到底是誰的「需要」和「想要」？是大人的，還是孩子的？如果能依照對孩子的人格特質觀察，給予適合的教養方式及學習方向，我想孩子的童年會比較開心，情緒也會相對平穩。

若父母能看到孩子不同於他人的獨特亮點，適性而教並賞識，就能幫助孩子建立自信，並且讓他更樂於接受挑戰。

陪伴技巧指引

* 不帶目的性地聊天，常能發現孩子細膩敏感的一面，也能從中了解孩子的困擾或心事，更是親子間建立信任感和「精心時刻」的好機會。

* 隨著孩子的年齡及對語言掌握能力的高低，有時父母可能會無法理解孩子想問的問題，但請發揮好奇心多問，盡可能別錯過孩子問題裡隱藏的「大世界」。

* 學習用「三明治溝通法」互動，首先以正向、肯定的語言開始對話，再將建議或想說的話夾在中間作為提醒，最後再次鼓勵對方。

* 試著分辨對孩子的要求，究竟是誰的需要或想要。

少年「落單」的煩惱

我們都曾經是小孩，
只是成為大人時，就忘了那時的感受

來到諮商室的小岳，痛苦地訴說自己不喜歡念書，所以每天在學校都像行屍走肉般地漫無目的，不知道現在要做什麼或是該做什麼，更不用說對未來有什麼樣的具體規畫。

他把自己定位為「被放棄的人」，因為不會念書，早就被家人放棄、被學校放棄，也被自己放棄。

他在班上和同學的互動很少，就算有互動也大多是衝突。加上成績不好，也沒有特別喜歡的興趣，自認沒有突出的優點，甚至認為自己的存在沒有任何意義……至少，他找不到誰會在乎自己，包含家人。

痛苦在找到意義時，就不再痛苦。但難的是，在當下找到能證明現在的痛苦是有意義的證據。

我沒有急著告訴小岳：「不會啊！你千萬不要這樣想，你不覺得你的存在對○○○來說是很棒的事情嗎？因為你……」

我必須承認，之前我的確說過類似的話，但後來發現，這安慰到的也許不是個案，而是我。它能幫助我降低焦慮，因為如果個案的言談中有尋死的意念，是我更不想看到的事情，而這樣的說詞，或許能讓個案感受到我想拉住他的善意。

只是後來愈來愈多個案讓我知道，當我絞盡腦汁說對方的優點、想扭轉對方的負面情緒或悲觀想法、想為他們開拓「一線生機」，卻仍然很難達到效果的原因，不是因為我講得不好，而是我忽略了很重要的一件事——接納。

就只是願意接納他們「此時此刻」的情緒是「真的」，不是無病呻吟，不是惺惺作態，不是刻意演戲給爸媽、老師或旁人看的。

因為情緒是一種主觀的感受，小岳的痛苦，只有他自己能真切感受到，即使無法認同，我也不會批判或嘲弄他，而會試著詢問：「我現在能做什麼讓你好過一點？如果你想靜一靜，我都在，你知道來諮商中心可以找到我，我很願意陪你聊聊。」

§

除了小岳，我還遇過好多和小岳有著類似煩惱的青少年，他們對於自己成績不好，不喜歡念書又沒有朋友，卻每日要來學校過著不知為何而來、要往哪去的日子，有很深的恐懼與不解；且因為成績差在學校或家庭情境裡，得到鼓勵或被看見的機率更低，更容易自我放棄，因認為爸媽、老師對自己已經不抱期待。在感受不到來自他人的溫暖，也無意在校學習，讓這類孩子不管在哪裡經常是一個人，孤單也是常有的感受。

我還記得小岳有一次悲傷地對我說，每到課程分組時間，就是他最難熬的時候，因為沒有朋友，所以自己總是落單，最後所有落單的人就會因為同病相憐成為一組，更被笑稱是廚餘組，小岳有些忿忿地說。

「老師，我很想體會有同伴的感覺，但我沒辦法，我常想這是不是我的錯？」

「老師，我知道我很不會交朋友，成績也不好，可是我真的好希望分組活動時有人願意認領我，讓我和他們一組。」

「老師，我每天上學的心情都好差，也不想上課，反正我的存在根本不重要，也沒人會注意我究竟有沒有到學校。」

強烈的孤獨感及無存在感，讓小岳和這些班上所謂的「邊緣人」，長期處在低自我價值感、自我懷疑、自卑及憤怒的狀態，有時，還會有自我傷害的意念或行為。

小岳離開後，我致電導師，想打聽小岳在班上的人際互動情況。導師提到分組真的是一大難題，也問我有什麼好方法可供參考，他很願意幫助像小岳這樣的孩子，畢竟聽到孩子把自己的組別形容為廚餘組，讓人覺得心很酸。

我很感謝老師願意幫忙，我說：「如果老師願意，學生分組活動時可以適時給予落單同學協助，尤其是長期落單者；又或者，分組時不要每次都讓同學自行找同伴，畢竟好朋友每次都會固定成組，但沒有朋友的，就會在一次又一次的挫折中累積受傷及失敗經驗。

「分組活動的成員組成可以使用抽籤或遊戲方式，就能自然地幫學生們分組，如此就能不著痕跡地幫助一向落單的同學保住自尊，也讓他們在小組活動中慢慢認識班上同學，建立屬於自己的『歸屬感』。

「當然，有時候透過機會教育，要讓常落單的同學思考如何在分組活動中發揮或突顯自己的價值，這也能吸引同學下次主動選擇。例如很會抄筆記、常常有創意點子、能言善道適合上台報告、很會查資料等等。」

在孩子成長的過程中，家長和老師都扮演了很重要的角色，適時拉他們一把，了解他們的困難，把他們的苦惱認真地當成一回事，那麼他們會更願意說出自己的困擾。家長也不至於在孩子出事時還摸不著頭緒，說：「沒有朋友有什麼好難過的？我以前還不是……」

我們都曾經是小孩，只是，當我們成為大人時，就忘了那時的感受。

無視孩子的煩惱，或是覺得孩子無病呻吟時，他就已經對我們關上了心門。

孩子的心門打不開，有時候是因為我們拿錯了鑰匙，或是想不拿鑰匙就硬闖，不僅傷了自己，也讓那扇心門更加緊閉。但若能試著把孩子願意說出口的需求和苦痛當成一回事，並認真看待，就能有機會拿到通往他們心裡的鑰匙。

面對小岳，我試著和老師合作，期待小岳能慢慢打開心門，感受他人的善意，也看見自己的價值。

要找到人生的意義不容易，許多人終其一生都在尋找，但我想幫小岳建立「即使不會念書，你還是值得被愛，還是有價值」的信念。當擺脫在學習上的自卑，重新找到、建立自己的價值後，或許，能有人在互動中看見他的好，有同儕、有玩伴的人生，也能讓他擁有重新看待自己的勇氣。

陪伴技巧指引

＊ 青少年時期，同儕的影響力大過父母、師長。請給予他們空間進行探索，並增加

教養上的彈性，多用討論的語氣互動，而非指導或命令的方式。

＊試著讓孩子知道：「即使不會念書，你還是值得被愛，還是有價值的。」

＊青少年的迷惘有時來自於對自己能力或人生定位的不確定。當信任的他人或父母、師長願意看重自己在過程中的努力而非結果，更能鼓勵他有接受挑戰的勇氣。

＊3C世代的人際互動型態，與父母過往的經驗常有很大的落差。親子關係若擁有開放討論的彈性與信任感，青少年在遇到困難時會比較願意向父母求助。在校時，師長若能在顧及青少年不願求助的心理狀態，暗中從旁協助，也能守住他們的自尊與自信。

沒有被善意對待的行為

我織了一張綿密的心理防護網，等著接住每一種狀態的你

小青，小學一年級的孩子，友善又有禮貌，也很願意對別人表達正向情感，例如：「我覺得你好棒喔！」「我喜歡你做的風車，我們可以一起玩嗎？」

但即使如此，他在人際互動上還是面臨很多困境。他的情境理解能力較弱，不太會察顏觀色，對熟人或陌生人都可以一視同仁地表達喜愛，只要能和他說上幾句話、一起玩，他便認定彼此已經是朋友。

在他的世界裡，幾乎沒有所謂的好人或壞人，所以常常做出讓爸爸提心吊膽的事情。例如在公園玩，不認識的長輩拿糖果給他吃，他會毫不猶豫吃了，不會先問過爸爸能不能吃；在遊樂園剛認識新朋友，小青會直接問對方家長能否去他家玩，弄得對

方很尷尬。

他對人沒有防備之心，也沒有親疏遠近之分，在說話或行為表現上經常嚇到人。他總能輕易地就對別人說「我喜歡你」，而根據爸爸的說法，可能是小時候常唸繪本給他聽，在那時候學的。

當小青還小的時候，大人們對這樣的行為通常是莞爾一笑，覺得孩子天真爛漫可愛。但進入小學後，爸爸覺得即使他能包容這樣的行為，學校老師和同學、甚至社會大眾卻未必能理解，擔心小青會被視為異類。

爸爸說，曾看到小青在公園對其他同齡孩子釋出善意想互動，但對方表情中的不屑甚至輕蔑，讓他感到很難過。爸爸哽咽地說，孩子的人際互動技巧弱、看不懂別人眼色，因此，幼兒時期曾在兒童心智科醫師建議下參加早療課程。他憶及小青每一次的早療課，他都盡可能不缺席，也覺得透過早療的幫助，小青其實已經進步很多。

爸爸說，他們是單親家庭，為了維持家中生計和孩子教養間的平衡，他有很多的不容易不知道該向誰說，覺得自己和孩子都好苦、好苦。

§

爸爸藏在心裡的苦楚，讓我想到他剛帶小青來找我時，曾問我：「你覺得孩子需要具備的良好人格特質有哪些？我只希望我的孩子善良、誠懇、有愛心。我很盡力教他了，但這社會給了孩子什麼樣的回饋？是滿滿的惡意啊，多到讓我懷疑我一味地教他良善是對的嗎？」他語帶憤怒。

勿以善小而不為，勿以惡小而為之。以小青來說，我看到他有很多特質都很棒。他喜歡幫助別人、誠實、有禮貌、愛護同學等，只不過他的社交技巧很弱，愛恨分明不擅掩飾，常常得罪別人而不自知，也無法讀懂他人的表情與情緒，更聽不懂言語間的嘲諷或反話。

我想到小青爸爸的喟嘆，思考著在現實社會中，良好的人格特質的確不一定會帶來好的結果。但身為家長或老師，難道要因為這些好的特質未必帶來好的結果，就不教孩子向善了嗎？

良好的特質本身沒錯，只是我們得透過機會教育幫助孩子辨識使用情境，用錯了情境，的確會帶來困擾。

以小青來說，過分的單純與全然地信任他人，在需要察顏觀色及相互競爭的情境中，就可能會是他心理受傷、困惑的主因；而他不會解讀別人的表情和情緒，自我覺察能力不足，總是天真地做自己，就很容易社交受挫。例如，他很喜歡和某位同學玩，便認為對方一定也是這樣，遺憾的是，這位同學並不喜歡他，頻頻拒絕甚至遠離他。但他看不懂別人善意的拒絕方式，一再勉強對方，造成彼此的困擾，甚至驚動雙方家長到校調解。

他對人友善，認為別人也會用同等方式對待他，而當事與願違時，便常感到困惑；他把別人的不友善解讀成是在和他玩的時候，更讓同學覺得他很白目。

爸爸說，有陣子小青常對同學說「我喜歡你」或覺得「大家都喜歡我」，是因為他看了一本繪本，清楚記得書裡傳達的正向感受和意思。只不過他將這種感覺、想法用錯了地方，也用錯了對象。他對家人說，也對陌生人說；他對親切的人說，也對漠視他的人說。

爸爸害怕這樣的行為會繼續下去，於是不讓他再看類似的書籍，也避談相關情節，使得小青總是帶著滿腔的疑惑與不解，孤獨且持續地面對生活中的社交難題。

§

在多數情境下，小青的人格特質是社會認可的「好」，卻因少數人的反應或某些情境中沒能被好好對待，他的「對」全都變成了「錯」；他的「好」都變成了「不好」！不僅孩子困惑，連我也困惑了。

「防堵」沒有辦法解決問題，爸爸在家能刻意避開，但在學校、在其他人際情境呢？我絕對可以了解爸爸的顧慮，也能同理他的心情。因此我在和小青互動時，會試著把他的感受用明確的「情緒詞彙」說出來，例如，你現在的感覺是「傷心」嗎？當發現小青對於情緒詞彙的理解薄弱而困惑時，我會搭配情緒圖卡或卡通人物的表情、甚至是他自己的五官，教導他辨識並猜測對方可能的情緒。我們也會透過短片來猜測主角可能的情緒和感受，請他說說劇情，以便了解他對於「情境理解」的程度。

這個過程很不容易，我想，也是爸爸感到受挫的主因。

我試著讓爸爸看我如何將繪本和圖卡運用在機會教育中，呈現我們要傳達的訊息；也以角色扮演的方式和孩子互動，把爸爸擔心的議題套用在過程中。

透過討論，透過模擬互動的情境，讓孩子了解遇到類似事件時可以怎麼做，而他人的反應可能代表的意義有哪些、各種情緒的表情有哪些基本特徵可供辨識，以及生理的反應和情緒之間的關聯為何。

透過示範，我想讓爸爸知道，小青還是可以透過練習和機會教育學會自我保護，以及分辨他人的善意或惡意。人生中的挫折無法避免，但我們可以將他在自然情境中的挫折化做他的養分，而透過練習應對，透過觀察模仿，他就能從一次又一次的經驗中摸索出屬於自己的規則。

在成長的道路上，小青免不了會再遇到很多挑戰。身為陪伴者，情緒要先穩住，孩子才會更有勇氣向前探索。當他回頭時，知道家人在他身後織了一張綿密的心理防護網，隨時等著接住他的各種狀態，那麼我們的無條件接納將能成為他堅強的後盾。

陪伴技巧指引

* 繪本是親子互動時的好幫手，父母可以將生活中的情境代入詢問孩子的想法，並加入想提醒或指導的內容。
* 透過日常生活的機會教育、卡通或各種事件，幫孩子建立「情境理解資料庫」，有需要時便能提取出來討論、複習或調整。
* 與孩子做情境練習時，重點不在於答案的對錯，而在於引發思考，這可以幫助大人了解孩子是在哪裡被卡住了。
* 肯定孩子在人際挫折中仍保有不斷嘗試的勇氣。此外，在討論中願意說出想法，也能讓我們一窺孩子在人際情境受挫的可能原因，進而調整。

就是靜不下來好好吃飯

關心的話不要反著說，每一次的情緒失控，都將在記憶裡留存很久

「反正我就是改不了了！」這是小建最常說的話。

小建，幼兒園大班男生，個性敏感，聰明，好勝，追求完美，不喜歡被糾正，好奇心強，口語表達佳，情緒起伏大。

因為他的好勝，和他互動時得要嘗試多種不同的方法，才能在他需要幫忙時不著痕跡地進行「部分指導」，直接的指導或糾正常常會打擊他的自信。

小建喜歡研究動植物、昆蟲和恐龍，常會隨著最近在讀的書籍內容，幻想自己是哪種動物或昆蟲，而且還會指定爸媽或是我陪著玩角色扮演。只不過即使是遊戲，他也要扮演「最強」的那個角色。

他說：「我不喜歡輸的感覺！」

媽媽說，小建在幼兒園時，常常在該吃飯的時間不吃飯，要找老師陪，不僅老師很困擾，其他同學也會笑他是小嬰兒，吃飯還要人陪、要人餵。這些嘲笑很容易激起他的情緒，使得他在校的人際關係常陷入緊張。夫妻倆都傷透腦筋，問我可以怎麼處理。

某個週末，遊戲治療結束，小建和媽媽準備離開時，我看到媽媽愁眉苦臉的，她說小建的體重一直沒有進展，吃飯慢吞吞又吃得少，老師前幾天又抱怨了他在幼兒園的用餐狀況，讓她十分苦惱。

我無意間看到媽媽提袋裡的午餐，靈機一動，徵得媽媽的同意，用十分鐘和小建玩了一個角色扮演遊戲，是恐龍在尋找食物。

我：「吼——我是（恐龍）媽媽，這是我今天帶回來的獵物（食物）。」（情境帶入。）

小建：「不要！我不要吃！我現在一口都吃不下！」

我：「那你覺得你要吃幾口，才能讓自己像真正的大恐龍一樣強壯呢？」（我沒有在他要吃或不吃的點上糾結，而是直接提問。）

小建：「吼——我覺得我可以再吃二十口，因為我是翼手龍（動手拿食物吃）。」

小建平常一頓飯要吃上一小時是常態，吃一口，玩一下，讓爸媽很傷腦筋，幼兒園老師也常針對這點抱怨。我投其所好，用角色扮演的方式和他互動，不打不罵，他少說可以多吃十口，遠遠超過媽媽的規定，而且還是自己心甘情願的。但我仍不免想著，幼兒園老師哪有時間這樣陪吃？或許可以在家裡先試試看，至少有個好的開始也不錯！

§

某天，小建在治療課時不知道想到什麼，突然停下手邊的動作說：「我就是改不了啦！」然後突然大哭。我問他怎麼了？為什麼這樣說？他擤擤鼻涕，支支吾吾。我東拼西湊，才得知他在家裡吃飯慢又不專心，爬上爬下，一頓飯吃了一、兩個小時還吃不完，讓家人感到很疲累。所以，他對吃飯時間的到來經常感到焦慮，因為那意謂著又要挨罵了。

我鼓勵小建：「沒關係，慢慢來，每次多吃個幾口，你還是可以從恐龍baby變成大恐龍的。」

他眼眶一紅，說：「我就是這樣啦，我改不了了。」然後轉過身不看我。看著他的肩膀在抖動，我猜他在哭。

小建是個診斷有「注意力不足過動症」（Attention Deficit Hyperactivity Disorder, ADHD）的孩子，專注力不足，易受外界刺激而分心，活動量偏高，很難乖乖坐好。所以要他乖乖坐著吃飯，簡直就是個難題。用打罵方式逼他吃飯，短時間內或許他會因為害怕被打罵而有改善，但長期來看，卻讓吃飯時光變得難熬。久而久之，吃飯這件事總是與負面經驗或情緒連結，讓他想到吃飯就討厭。

於是我用圖卡和他討論，「他」這隻恐龍喜歡吃什麼食物？食物得要長成什麼樣子他會覺得好吃？小建很愉快地選擇了食物圖卡，並且描述他看過的且喜歡吃的東西，媽媽在一旁頻做記錄。其實，如果家長不嫌麻煩，願意在菜色上做點變化，點綴一些巧思，或和孩子一起做簡單造型便當，效果可能不錯。

坊間有很多食譜或器具，可以讓菜色變得可愛有造型，不但能夠吸引孩子的注意力、增加用餐樂趣，還能讓他們多吃幾口。我和小建媽媽討論可以考慮少量多餐，過程中也讓小建參與我們的對話，並提供意見，畢竟他是當事人。

小建說飯太多吃不完，就會想要玩。所以，後來折衷成在家時的飯量由小建決定並自己添飯；而在幼兒園吃飯時，則請媽媽先和老師溝通好飯量，一方面讓老師好做事，另一方面也讓小建能吃完為主，慢慢增加信心。

小建對恐龍的特殊興趣是可以著力的點，家長用引導的方式，其效果勝過言語刺激，也比較不會對孩子的心理造成傷害。大人一時的氣話，孩子往往會記住很久，甚至陷入自暴自棄的狀態。這點從小建身上看得很清楚。

語言暴力，是撕裂親子關係的殺手。關心的話不要反著說，每一次的情緒失控，都將在記憶裡留存很久。

善用孩子本身的優點或特質，可以讓我們在和他互動時事半功倍，少了點負面情緒，卻多了些美好回憶。

陪伴技巧指引

* **年紀小的孩子專注力維持的時間本來就不長，所以父母或師長在活動或靜態任務的時間安排，需要依年齡或孩子的特質做調整，以免讓彼此都挫折。**
* **孩子的情緒性語言是有意義的。試著保持警覺，並引導多說一點，以了解孩子受**

挫的原因。切忌用大人的眼光，先入為主地認定是孩子的問題。

* 讚美不要太空泛，盡可能給予具體而符合實際情境的讚美，讓孩子了解自己是因為什麼好行為而得到肯定，進而增加好行為出現的頻率。

* 幼兒若較敏感易受挫，可透過玩偶的角色扮演或繪本運用，以各種方式、型態進行事件和情緒的討論，但不要將重點放在檢討行為或進行道德批判。

第四部

只差一步
就要幸福了

乖孩子的傷最重

她像個盡責又聽話的娃娃，任由爸媽擺布人生

敏敏第一次來諮商的時候，剛升上國三。

爸媽一進入諮商室，兩人一前一後、互為補充地道出對敏敏的期待與失望。媽媽說：「敏敏從小就是聰明、體貼的孩子，功課從來不需要操心，每次都是考第一名。但是最近……」她欲言又止，止不住地搖頭。爸爸順著媽媽的話繼續說，家中經濟雖然只能算是小康之家，但只要是與學業有關的支出，就算向親戚、朋友借錢，都會盡量滿足敏敏，但沒想到她最近居然做傻事，所以才會帶她過來。

我請爸媽到外面候診區稍坐，讓我可以單獨和敏敏談話。敏敏搓著手，略顯緊張，皺著眉說：「自從升上國三，課業壓力變得好重，壓得我喘不過氣，可是全家人

都把期望放在我身上，希望高中能考上北一女，未來讀台大醫學系，然後順利當醫生。」

她說已經不只一次聽到家人編織著她當醫生的美夢，但她說不出口的是，她想當藝術家，不想當醫生。她曾經試探性地詢問，發現爸媽對藝術相關科系及技職學校嗤之以鼻，還認為那是沒得選擇的人才會做的決定，她的成績這麼好，一定是以升學為第一考量。

敏敏忿忿地說，爸媽的思想都很古板，現在技職體系畢業有一技之長，出路不一定會比較差，就算當藝術家……她說到一半停了下來，眼神瞬間跟著黯淡。她接著說：「最讓我感到痛苦的不是他們要我當醫生，而是三不五時就對我精神喊話，說全家人這麼辛苦都是為了成就我一人。如果以後我當不成醫生，大家這些年等於做白工，辛苦付出都白費了。」

因為這些壓力，她放棄了畫畫的夢想，依照爸媽規畫好的路過生活。她的成績很好，但不快樂。她在學校廁所哭泣，手腕又鮮血直流，被同學發現後送去健康中心，再由導師轉介到學校輔導室。

她說，經歷割腕事件後，她已經不想和大人多說什麼，但來到這裡，她知道不說點什麼，回去又會沒完沒了，所以才多少說一些好交差。她眨眨眼，好似在暗示我等一下在她爸媽面前要好好表現。

§

敏敏說她累了，她的興趣在被發現有念書的才能和天賦的那一刻，就注定要被犧牲。現在，爸媽每天都會對她哭訴一家人過去的付出有多不值，每天質問她到底想要怎樣、對這個家還有哪裡不滿，以及為什麼想要尋死。

她看似對一切都不在意，但言談中仍然可以感受到，童年經驗讓她體悟到「錢」的重要。她看到爸媽終日為錢煩惱，絕大部分來自於她升學所需的教材費、學費和各種花費，而她就是這些花費的源頭。她不斷地自責也給自己壓力，認為是自己讓爸媽這麼辛苦地生活，如果再不聽話、不用功、不遵從爸媽的期待，那就是「不孝」，就是「壞孩子」，也辜負了爸媽一直以來的用心。

她從小就在大人的關注下，為自己貼上「乖孩子」的標籤，但這個羈絆深深地烙印在她的心中，綑綁著她的一舉一動和人生，讓她做任何決定都會先以爸媽的肯定眼神及希望為基準。「因為成績好，所以只能選擇當醫生，不能當畫家；如果成績不好，可以選擇的路或許更寬廣，只要活著能養活自己，說不定就可以了。」敏敏嘴裡咕噥著。

在學校，她沒有談得來的朋友，大家都叫她書呆子；在家裡，爸媽怕耽誤她念書，連簡單的掃地、擦桌子、收拾房間都沒讓她做過，她是同學口中道地的「生活白癡」，只會念書什麼都不會，也沒有其他興趣。但其實她非常喜歡畫畫，只是不敢表現出來，所以沒人知道，更別說有人在乎了。

敏敏平靜地提到，當她有其他與念書無關的念頭時，媽媽就會將自己的價值觀強加在她身上，希望她配合。稍有想反抗的樣子，媽媽就會哭得一把鼻涕一把眼淚，最終她只能妥協，因為抵抗只會讓自己更不安、更內疚。長久下來，心中的矛盾、委屈和憂鬱的情緒無處抒發，才會用割腕的方式來表達抗議，甚至希望就這樣死去，再也不用理會爸媽的期待。

她像是個盡責又聽話的娃娃，任由爸媽擺布她的人生。她的功成名就是爸媽的最終想望，爸媽的期待就是她的未來，爸媽做不到的遺憾，就由她來成全、彌補、實現。

敏敏不知道還有什麼可以紓解壓力的方法，因為一直被要求念書，也沒有知心朋友可以傾訴，更不可能告訴爸媽。由於她總是乖巧聽話又聰明，老師不曾想過她的內心世界竟是這麼難受，這麼需要協助。

因為總是默不出聲，總是隱身人群、不找大人麻煩，所以乖孩子的傷更容易被忽略。

她被爸媽帶來身心科，再轉介來我這裡時，情況已經很嚴重，有反覆的自殺意念及行為、憂鬱的情緒、對未來無望、自信心低落、無價值感，加上爸媽諱疾忌醫，學校第一時間通知時，他們仍遲遲不願相信，也不肯帶她看身心科，說這樣會被貼上精神病的標籤，以後不好找工作。後來是因為被逼急了，才帶她看診。

接住孩子——不管是情緒或生命，家庭都是第一道防線，也是最重要的一道。

敏敏需要諮商，不是因為問題都出在她身上，而是她心上的傷長期遭到漠視，她的生無可戀需要被看見，她的情緒需要被梳理並學習多元的紓壓方法。爸媽期待的是已經鋪好路的長遠未來，但孩子已經不想活了，再長遠的規畫和安排，都抵不過此時此刻的陪伴和安慰。

我和敏敏的後續諮商會以此為方向，至少先讓她的情緒穩定下來，減少一心求死的次數和頻率。當然，家人的理解也很重要——了解敏敏不是麻煩製造者，她現在的困境意謂著親子間的互動必須調整，整個家庭才能從失序的狀態中慢慢恢復平衡。

親子教養和溝通，不要外包給學校和社會，因為對孩子來說，父母的接納、傾聽和同理比什麼都珍貴！

陪伴技巧指引

* 請試著在孩子還願意溝通、聊天時，耐著性子聽完他想說的話，不要打斷和否定。孩子話語中的情緒，常常隱含著想求助和討論的內容，非常珍貴。
* 當死亡已經列入孩子的思考選項時，表示負面情緒已經非常滿，即便父母不敢相信或承認，也請勉為其難地理解孩子真的遇到困難。請別責備，並盡速陪伴孩子看診身心科或兒童心智科。
* 父母做不到的遺憾和期待，可以自己學習處理；強加自己的價值觀在孩子身上，其實也讓孩子失去擁有揮灑人生的機會。
* 接住你的孩子！不管是情緒或生命，家庭都是第一道防線。親子教養和溝通，不要外包給學校和社會，因為父母的理解和接納，在孩子的心裡一直都是有份量的。

手腕上的傷和心裡受的傷

我準備好要在你面前，
揭開我心上的傷

小晶是個看起來很開朗的女孩，長長的頭髮染了時下最流行的顏色，指甲也擦了淡淡的顏色，有著低調的光澤感，整體打扮就是一個十六、七歲的元氣少女模樣。

進到諮商室，一坐下來，當她把手撐在下巴的時候，我才注意到她的手錶下墊著一圈突兀的衛生紙，還透著淡淡的血色。我微微笑問：「上次預約好的諮商時間怎麼沒來？你忘記囉？」聽到這句話，她整個人很放鬆地脫了鞋，把自己縮到沙發角落，還拿著長抱枕遮住身體，開始顧左右而言他。

我沒有繼續追問，改問她上週過得如何。她說：「不太好，因為和媽媽大吵一架，然後覺得醫生開的藥愈來愈沒效，就停藥了，但又覺得很煩躁，所以上禮拜請了兩天病假。」她說得雲淡風輕，彷彿在說著別人的事情。

我提醒小晶，精神科藥物最好不要自行停藥，如果覺得副作用讓自己不舒服或覺得沒效，應該回去和醫生討論。她點了點頭，做個鬼臉說：「心理師，你說過八百次了，我知道啦！下次不敢了。」看她的心情和氣氛都和緩了些，但沒有主動想要告訴我手腕上的傷是怎麼回事，我只好主動出擊。

我說：「你手腕上的衛生紙好像紅紅的，受傷了嗎？」

她看了我一眼，說：「這樣你也看得出來？怎樣都瞞不過你耶，我以為我包得很好了。」

我笑了笑沒說話，看著她的眼睛，期待她願意多說一點。

她沉默了一陣子，我也沉默著。**諮商時的沉默，是有意義的**。諮商，有時候就像跳雙人舞，舞步的節奏太快或太慢都不行，躁進會踩到對方的腳，太慢又容易絆倒彼此，美麗的迴旋還得彼此有默契。就這樣前進、後退、迂迴、等待、沉默、磨合，直到兩人都能踩出和諧的舞步。

我等待著她開口，終於，像等了一世紀那麼久，她終於開口了。

她說：「你知道嗎？上週我是因為害怕才沒來的。」

我點點頭說：「謝謝你告訴我，但你能說說你在怕什麼嗎？」

她說：「因為上上週我們諮商的時候，我覺得你說中了我的心事，但我還沒準備好要說，就很想逃避吧，所以上週就沒來了，因為怕你繼續問。」

我點點頭。「原來如此。那這週怎麼願意來呢？不怕我問嗎？」

她晃了晃受傷的手，說：「一方面是因為這個，我不想瞞你，只是不知道怎麼開口，還好你有問；另一方面，我想我應該可以相信你，所以想談談逃避的那件事。」

§

小晶述說著她手上的傷。

「關於手腕上的傷，就得從頭說起。我爸媽很早就離婚了，從我國小五年級就一直跟著媽媽住，偶爾也會和爸爸見面。我們母女之間雖然常有衝突，但還算能在炮火隆隆的衝突中找到容納彼此的安身之處，所以暫時相安無事。」

「既然相安無事，怎麼會弄成這樣？」我對她展露了好奇心。

小晶聳了聳肩膀說：「因為我最近交了男朋友，上週末約見面時，無意中被媽媽發現，所以有了激烈爭吵。我埋怨媽媽自己也交了男朋友，憑什麼限制我？然後衝突的過程中，因為我頂嘴，媽媽打了我。我衝回房間，把自己關在房間裡大哭，也就有了手腕的傷。」

了解了事情的始末，再加上她自述最近還有坐在窗台邊想要往下跳的行為，以及瘋狂購物、憂鬱、情緒高昂等狀況，我請她安排回診身心科。她乖巧地說，已經預約了當天晚上的門診，因為她自己也察覺到最近快要失控了。

我問她，媽媽知道她做了自我傷害的行為嗎？她眨眨眼說：「當然知道啊，所以她晚上才要陪我回診。我叫她不要來，她硬要跟我回診。」小晶抱怨了一下媽媽。

我請她最好還是去包紮一下傷口，避免傷口感染，至於她想談的事，如果她已經準備好了，隨時可以開始談。小晶點點頭，表示這次自己不會再逃避了，我稱讚她的勇氣，並感謝她的信任。

她停頓了一下，把抱枕抓得更緊，說：「雖然爸媽很早就離婚了，但他們的婚姻一直在我心裡留下陰影，讓我覺得遊戲人間不是壞事，不需要為誰安定下來。所以我不斷地交男朋友，就想測試他們能夠多包容我、又有多愛我。但矛盾的是，其實我很害怕交男朋友，因為小時候爸媽常吵架，我都會默默坐在樓梯間聽聲音，邊聽邊哭，很怕他們吵著要離婚。有一次，我親眼看到爸爸生氣時拿了一個玻璃杯擲向媽媽，我忘不了媽媽頭破血流的樣子。我很怕遇到像爸爸一樣臭脾氣又會動手的男人，重蹈媽媽的覆轍。

「這次，我和媽媽吵架，也是因為她希望我不要太早交男朋友。我一邊氣她的過去，一邊害怕自己的未來，但不知道為什麼我要故意這樣做，大概是叛逆吧！她不要我交男朋友，我就偏想氣氣她，誰叫他們讓我的童年這麼擔心受怕。」

小晶吐了吐舌頭，故作輕鬆地說：「我說完啦，就是這樣。你上次就是有講中我某些行為可能和童年或爸媽的婚姻有些關係，我回想起那段可怕的記憶，就不敢來諮商了，因為我怕你會要我再回憶那段過去。」

我認真地看著小晶，告訴她：「你願意講出來，真的很勇敢，你沒準備好要說的事，誰都不能勉強你，我也不會！你已經長大了，再也不是那個坐在樓梯間無能為力的小小晶。現在的你有力量了，可以慢慢幫自己療傷，我會和你一起，你也會從中長出力量，你能扭轉，不一定會重蹈覆轍，但是了解自己受過的傷，就有機會幫助你面對未來的伴侶關係。」

小晶眼眶含淚，又哭又笑地點頭說好，並覺得說出來很暢快。約好下週的諮商時間後，她又恢復一開始嘻皮笑臉的樣子，離開了。

§

小晶說的那句「我想，我應該可以相信你」，一直在我腦海裡迴盪。一個人，要信任一個人，多麼不容易！

「我準備好要在信任的你面前，揭開我心上的傷」，又需要多大的勇氣。

我沒有說出口的是：「小晶，我也準備好了！你那些不忍回顧的傷，我們一起走進去看一看。你害怕的時候，有我！你想逃的時候，也有我！我們走走停停，不貪快，我會用最適合你的步調和你一起前進，直到你的心可以安然放下，傷口可以慢慢不痛為止。好嗎？」

陪伴技巧指引

* 自我傷害者常常希望透過身體的傷，轉移心理層面的痛苦。試著陪伴尋找其他方式的紓壓管道，可以從過往的興趣、嗜好著手，有信任的人聊一聊也很好。
* 責罵不會減少孩子自我傷害的行為，只會讓這種行為從檯面上轉移到檯面下。試著了解原因，而不是再一次用情緒性話語激化彼此的情緒。如果有必要，可以和學校輔導室合作，一起幫助孩子。
* 每個人都有自己的祕密或不願意說的傷口，不要逼迫對方一定要說。請給予時間，耐著性子等待，持續釋出善意和關心，對方願意信任，才有機會聽到真心話。
* 如果情況已經很危急不容許等待時，請記得求援，轉介給能協助的醫療人員。

我不知道怎麼活著

有人會真摯地凝望她的苦痛，並給出時間，等待復原

小雅淚流滿面地對我說：「其實，我沒有非得去死，但也不知道該怎麼好好活著！」

當她說著不知道該怎麼好好活著時，我能感受到她滿滿的無力與絕望……那種絕望，不是裝出來的；是那種把人拋進湖水裡，她也會放棄掙扎，任由自己往下沉，最好無聲無息地就此消失，彷彿不曾來過世上一遭。

「對未來沒有一絲期待的人，真的很難幫啊！」我在心裡對自己說。

即便我在實務上已經遇過很多自我傷害、自殺的個案，但仍不免戒慎恐懼。因為他們不是通報單上的一個數字而已，而是一條活生生的人命，這人命交在我手裡，我

總是想盡最大的能力，挽留住每一個可能提早消逝的生命。

聽完小雅的泣訴，我一時語塞，空氣中瀰漫著沉默的味道。

我知道，此時此刻「與她同在」是最好的處方，勝過頭頭是道的講理或給她現階段一點都聽不下去的激勵。

人在憂鬱狀態時，會有幾項很明顯的指標，我通常會從幾個狀態來看，例如狀態持續的時間、曾經喜歡的興趣現在是否無感、幾乎整天的憂鬱心情、睡眠狀態的變化、食慾及體重的變化、是否有無價值感和罪惡感、思考和專注能力降低、反覆想到死亡等等。

人或多或少都有感覺憂鬱的時候，**不是有憂鬱心情就是憂鬱症**，要達到憂鬱症的診斷標準，還需要經過審慎評估。但如果能保持警覺，有助於適時拉對方一把，或是提供建議，鼓勵對方去看身心科或接受心理諮商的協助。

§

過去，我花了很長時間和小雅建立信任感，所以這次她有自殺企圖時，第一時間願意來找我談談，是讓我感到很欣慰的事。之前，我們在諮商過程討論了她的精神症狀、手足關係、親子關係、同儕關係、親密關係等，每一段關係或多或少都有一些她跨不過的坎，從童年時期延伸到現在，而每段關係的不順利造成的壓力，卻又環環相扣影響彼此。到後來，小雅說自己已經不知道現在心情的低落到底和什麼事件有關。

她的苦痛其來有自，不是無病呻吟。為賦新詞強說愁的故作姿態，在她身上是貨真價實的傷。

我在她做了傷害自己的事情時，請護理師協助包紮，並請導師通知家長。處理這些緊急議題的同時，我也告知她後續我會做的動作，讓她安心，也讓她發問，降低焦慮，**因為恐懼常來自於對未知狀態的不了解**。例如「通報」，就會是未成年個案最焦慮的事情，其次是擔心家長的反應，最後才會是擔心同學怎麼看自己，甚至嘴上說完全不擔心的也大有人在。所以，我希望個案在我這邊能感到安心，至少我不會成為她的另一個壓力源。

往後的幾次諮商，我試著了解她對未來是否仍抱有一絲期待？她在意哪些人事物？身邊有要好的朋友或同學嗎？和家人的關係如何？我手上能用的校內、校外資源有哪些？她有固定看診的身心科嗎？能同時轉介院內的心理師嗎？願意申請駐校醫師的門診時間嗎？導師和班上有小天使可以協助嗎？有服用精神科藥物嗎？同時，我也評估她自殺計畫的完整性有多少，包括頻率、次數、強度、使用方法等。

最後，她接受我的建議去身心科看診，並在醫生的建議下開始服用藥物。藥物的副作用對她來說有些明顯，我們練習記錄用藥反應，這可以讓醫生很快掌握狀況，必要時進行調整，降低小雅因副作用不適而自行斷藥的機率，而願意服用藥物，症狀才有機會改善。

小雅有病識感，知道自己現階段的確需要透過藥物讓自己恢復穩定，所以願意服用藥物也願意做記錄。一段時間後，藥物終於調整到適合她的狀況，副作用也沒那麼強烈，她不再排斥吃藥，情緒狀態也趨於平穩。

她固定回診，並持續接受諮商，一次都沒有缺席。她也重拾書本，對未來有了規畫，即便對生活還是有很多抱怨與不適應，但我們找到可以共同努力的目標。她的笑容開始比以前多一點，她的微小改變，我都看在眼裡，也適時回饋給她。她開始願意多揭露一些受傷的過往，好讓我知道在何處能幫上忙。

§

透過「覺察、理解、接納、改變」，我們在諮商過程中共同經歷許多的掙扎與反思。我們時而停滯在原點，感受那種僵住的情緒；時而沉默，因為改變不一定帶來好感受，有時候反而會經歷痛苦的歷程；時而開心，因為我們看到問題的癥結在哪裡；時而悲傷，因為她還是會感到無助，我也有可能因為挫折而覺得無能為力。

諮商的過程不一定都很順利，但陪著小雅慢慢走過情緒風暴，這個歷程我們都有所成長。她在這個過程中得到滋養，並從「心」長出力量，重建自己的「心理韌性」。在之後遇到挫折時，也能將學會的方法用在自我療癒及梳理情緒上。以後，或許還有餘力幫助別人，感受自己的人生價值不是只有「索求」，也能「給予」。

最終，她也能明白：**原來，有人能不帶評價地傾聽與陪伴，有人會真摯地凝望她的苦痛，並給出時間，等待她復原。**

而她，也能有新的人生，以及可期待的未來。

陪伴技巧指引

* 面對孩子的情緒，請認真看待他們願意鼓足勇氣說出口的困擾，有時候機會稍縱即逝。因為大人以為的無病呻吟或只要念書就好會有什麼壓力，這些都是孩子不願再開口的原因。
* 當孩子負面情緒很滿的時候，請放下說教及滿腔疑問，此時傾聽和陪伴，勝過頭頭是道的講理與激勵。
* 面對孩子的困境，父母要覺察，才有機會面對；要理解，才有可能接納；能接納，才會思考如何處理；願意改變，才能做能做的，也放下該放下的。

為什麼想要好好的這麼難？

願你有天能捧起滿手的破碎，圓滿成一個你想要的人生

小慶由媽媽陪同前來，他頭戴鴨舌帽，長髮披肩，不發一語。媽媽經過我身邊，壓低聲音說她的孩子可能需要談談。媽媽迫切地想多說點什麼，但看看孩子後，又硬生生地把話吞回去。我點點頭說：「媽媽，請您在外面稍等一下。」

原本低著頭的小慶抬頭看了我一眼，戴著口罩遮住半張臉的他，我看不出太多表情，只看到哭過的雙眼和手腕內側的包紮痕跡。

我想到最近常有年輕孩子說覺得日子過得好苦、好沒意義，不知道活著是為了什麼？以前的我聽到這樣的話會很緊張，然後想要馬上舉出很多例子，告訴他們人生還是會有好事的，別胡思亂想，事情會有轉機的。

但和青少年個案互動期間，我覺得他們提醒我很多事，也讓我回想起求學階段。我一直在想，那時候的我是否也有和他們一樣的煩惱？那時候大人是怎麼看待我、都說了什麼？他們說的話有安慰到我嗎？我是否曾希望有人對我說鼓勵或支持的話？

以前，我以為對低潮到谷底的人說聲加油，是對他們的仁慈與同理；後來，有個個案告訴我，那句話聽在他耳裡是殘忍；而對自我傷害的人問「你割自己時不痛嗎？你有想到我們這些愛你的人嗎？」，有時也加深了他們的自責。

他說：「如果能有其他選擇，誰想要死！誰不想好好活著？我也想和其他同學一樣逛街、聚會、嘻鬧，但就是不能啊！我不想要吃藥，吃藥後會昏昏沉沉、噁心、頭暈、想吐，為什麼我想要好好的就這麼難？我不想看見爸媽、老師和同學的眼神，好像我是個有病的人，我不要同情，我不要……」

他幾乎是嘶吼著，一股腦地在諮商室把怨氣和不滿發洩出來。或許是壓抑已久吧！他崩潰大哭了好一段時間才緩和。座位旁的柴犬大抱枕早已被用力拉扯到快變形，但它仍忠於自己的「陪伴」工作，靜靜地任由他將拳頭落向它。

初次見面時，我的確被他澎湃的情緒嚇到，但也很感謝他願意在這個空間裡釋放情緒，或許某種程度上，這個空間、氛圍、柴犬大抱枕還有我這個人，都在此時此刻成為能讓人安心的「工具」，能暫時讓他感到安心。雖然我不知道他怎麼想，但面對他的情緒，我選擇在當下以「沉默陪伴」的方式承接。

陪伴是有力量的，雖然很多人都小看了這股力量。

§

他的身上像是裝了很多刺，把要靠近的人刺得遍體鱗傷。而當他想靠近別人時，別人也會逃，因為怕被刺痛、怕受傷。於是他乾脆封閉自己，不靠近人，也不讓人靠近。**有時，陷入苦痛的人就像一隻刺蝟，永遠無法體會擁抱的滋味。**

我曾看過一部動畫，渴望友誼的刺蝟和怕被牠身上的刺傷害的動物們，最終還是想到辦法靠近了。因為愛，牠們找了很多保麗龍球，為刺蝟身上的刺一一戴上宛如珍珠的保麗龍球。從此，刺不再傷人，牠們得以擁抱。

尋找靠近小慶的方法需要時間與耐心，也需要建立信任感。心靠近了，感受到善意，就能慢慢卸下心防，感受他人的溫暖。**信任帶來新希望，也帶來重生的勇氣。**

在諮商室裡哭泣的他，對自己、對世界、對未來都抱持著負面想法，也被深深的無望感及無價值感所包圍，沒有什麼事能讓他開心起來，他的身體、心理都生病了。他不想被幫助，不想被擁抱，也無法擁抱人；他不信任人，不知道該怎麼接受別人的關心，他把自己封閉起來，像動畫裡的刺蝟。

他失去了一部分的自己，在那場意外的車禍之後。

他形容自己就像破碎的拼圖，爛掉了、壞掉了，再也不完整，再也回不去了。他沒有一刻不希望自己消失在這個世界上，甚至怨恨為什麼醫生和爸媽要救活他！

我和他的諮商過程不總是順利的，有時不安感會讓空氣凝結。我試著給他空間和時間喘息，畢竟回想一些受創的內容並不容易。我從不逼著他回答問題，我容許他沉默，容許他不說，容許他說：「我還沒準備好！」甚至，讓他知道即便是心理師的發問，只要他不想說，沒人可以勉強他。

他沉默的時候，我等著，偶爾透過行為觀察，看看他的肢體動作是放鬆還是很緊張？他的眼神是左顧右盼、不敢對視、若有所思，還是呆滯？他是欲言又止、沉思中還是放空狀態？我的觀察和他的反應，會決定諮商過程的速度，「沉默」不是只有不說話那麼簡單。一如雙人舞，也要抓到合宜的節奏才能不踩到彼此的腳，舞出曼妙舞姿，這之前的試探、磨合也都需要時間醞釀。

我希望他感受到諮商室這個環境、我這個人，對他而言都是安全、可信賴的。在這裡是可以放鬆的，在這裡他有自主權去選擇想要說的內容，也希望他能感受到，**開放一點點信任給一個不熟悉但善意的陌生人，其實沒那麼危險。**

離開前我告訴他，生活中有些事一個人想不通、想不透都沒關係，只要願意伸出手，還是有很多人會陪他走過這段難熬的時間。他點點頭，眼睛瞇成一條線，笑了。

願你有天能捧起滿手的破碎，圓滿成一個你想要的人生。

為什麼替我決定讓父親缺席？

只要願意伸出手，仍有機會抓住希望，重新感受蛻變與重生

因為家庭變故，小霓復學念書時，因年紀比同學大好幾歲，個性也顯得世故早熟，大家都暱稱她為「霓姐」。某天，小霓主動來找我，說希望能預約諮商時間。

她娓娓道來自己的原生家庭，我則進入她的故事裡。

她說從小父母離異，自己是由阿嬤及媽媽帶大的。媽媽因為學歷高，又是高階主管，因此對自己的期望也很高，尤其發現她在學習上有些天賦後更是歡喜。

她回想童年，也回憶媽媽和阿嬤過去誇獎自己的內容，拼拼湊湊了一些資訊，知道自己大概幼兒園中班的年紀就開始認ㄅㄆㄇ。大班時，阿嬤和媽媽開始教她英文單字和九九乘法，教材是一套一套地買，補習才藝更是不可少，從鋼琴、跆拳道、芭蕾

舞，一樣也沒少過。沒人關心還是小小孩的她會不會累？有沒有時間玩？有沒有機會好好探索這個世界？

她滔滔不絕地說著過去，像是要把心中積壓的所有心事全盤托出。我邊聽邊心疼地看著她。

她說自己從小就是老師眼中品學兼優的孩子，功課完全不需要操心，在班上總是第一名、模範生，老師們都喜歡她。但她好勝心強，又有強烈的完美主義，不喜歡輸的感覺，因此各方面都給自己和別人很大的壓力。她也說，不知道是不是因為這樣，她沒有什麼朋友，常常覺得自己孤伶伶的。

小霓形容自己在學校和在家裡就是「雙面人」；在外面她笑臉迎人，回到家就想脫下面具。只是在阿嬤和媽媽面前，她一刻也不能鬆懈，只有在床上睡覺時，才能面對真正的自己。

§

她心裡一直有個結，那就是自有記憶以來便沒看過爸爸。

只要開口問家人，阿嬤就是咒罵不停歇，舉凡對爸爸、爺爺、奶奶都沒有好聽的形容詞；而媽媽也會很不高興她提起爸爸。上高中後，媽媽甚至提出希望小霓能改從母姓的想法，但她不肯，彼此為了此事吵吵鬧鬧，因而作罷。

說到這裡，小霓頓了頓，看著我，像是要等我發問一樣。

我接下她的情緒和眼神裡的期待，猜測她沒說出口的理由，會不會是「姓氏，可能是自己和爸爸連結的唯一線索」？於是我問：「你對爸爸沒有印象，但為什麼會對姓氏這麼堅持？」

她嘆了口氣說，國中時，因為言詞間對爸爸表露出明顯的想念之情，阿嬤氣到把她趕出門，還說她不知感恩。她氣極了，拿了錢包就想離家出走。走到鄰居阿姨家時，阿姨招呼她進家門，還給她東西吃，並詢問發生什麼事。當時她曾問鄰居阿姨，是否看過她的爸爸？阿姨支支吾吾的，她懇求了好久，才終於肯透露一點點。

鄰居阿姨說自己不是很清楚，只聽說小霓出生沒多久，爸媽就離婚了，而爸爸一直想要爭取她的監護權，但後來阿嬤和媽媽突然搬了家，來這裡生活。小霓說那時她才恍然大悟從未見過爸爸的原因，可能是因為阿嬤和媽媽一點都不想讓爸爸有機會找到她。

我想，小霓真正想爭取的或許不是姓氏本身，而是透過姓氏、憑藉著這一點親情的連結能有一點安慰，知道自己其實是個有爸爸的孩子。

我在心裡暗暗想著，大人間情感的處理方式，對孩子絕對是有影響的。不管阿嬤有多恨、媽媽有多怨、爸爸是好是壞，小霓心裡渴望擁有父愛、想要感受父愛的心情是確定的，但她連選擇的機會都沒有，自出生起，大人就幫她決定好了。

小霓接著說：「我一直祈禱自己快快長大，能夠強壯到獨自尋找爸爸。我想問問他當初有沒有努力找過我？他要怎麼彌補我失去的父愛？」小霓異常冷靜地訴說。

我好奇地再問：「你從小成績這麼好，為什麼沒有一路完成學業，現在才回來讀書？」

她說：「沒有爸爸這件事，讓我在求學時期備受同學的閒言閒語，但是因為功課好，老師總是護著我，沒有人敢真的欺負我，直到我交了大自己二十歲的男朋友之後。男朋友的呵護一度讓我產生錯覺，好像有了爸爸在身邊。談戀愛後，我的成績一落千丈，老師搖頭，媽媽每天碎唸，阿嬤更是看到我就嘆氣。我索性離家出走和男友同居，後來發生了一些事情，不得已才搬回家住。後面的事情也就那樣了。」小霓看起來不想再多說。

在家的這段期間，她封閉自己，也埋怨媽媽和阿嬤的獨裁，更恨男友不夠勇敢，討厭家人從不肯提爸爸，不肯告訴她更多一些。她不停地怨天尤人，精神狀況也不佳，甚至開始自殺，一度危及生命。最後，家人不得已將她送到醫院治療，她住院了一段時日。在醫院裡，她遇到願意傾聽、開導她的心理師，讓她慢慢走出來，後來也才能再回到學校念書。

我很真誠地向小霓道謝，謝謝她願意說這麼多。她笑笑說，她常觀察我和同學們的互動，我讓她覺得安心，所以才會想找我聊一聊，畢竟同學們的年紀都小，她覺得應該很難聊得起來。而離開醫院回學校後，她也想找個能信任的師長偶爾聊聊，希望自己可以愈來愈穩定、愈來愈好。

我感謝她的信任，也肯定她的勇氣。

小霓告訴我，她還是很想念爸爸，對媽媽和阿嬤過去的做法雖然還是不能諒解，但已經願意試著體諒她們的苦處。她希望自己能夠快點獨立，將來有固定的工作，然後有機會的話，還是希望能見爸爸一面，解開心裡的結。

§

我在小霓的眼裡，看到浴火重生後的勇氣，也看到原生家庭對一個人的影響。

在小霓的故事裡，阿嬤和媽媽看似在面對「女婿」、「先生」、「爸爸」這些男性角色時，選擇了逃避與否認，或是企圖將這角色從生活中抹去。那些焦慮、厭煩、失落、痛苦、不知所措的情緒，透過價值觀強加到小霓身上，其實已經直接或間接影響到她對男性角色的認知，甚至是面對兩性關係時的態度。

這個故事的契機，是家人在小霓不斷自我傷害時的及時送醫，把她從鬼門關前拉回來，且很幸運在住院期間遇到願意傾聽的心理師，透過專業人員的協助及自己的決心，她正一步一步用自己的步調撫平心理的創傷。

只要願意伸出手，仍有機會抓住希望，重新感受蛻變與重生。

陪伴技巧指引

* 大人之間的恩恩怨怨，適合自己處理。如果孩子有機會感受到父母雙方的愛，當然很好，若不行，也試著不要在孩子面前刻意貶損對方。
* 不要企圖用強加價值觀的方式，把孩子拉進「恨的同盟國」裡，內心充滿恨的人很難感受到快樂。讓孩子從小在充滿恨意的家庭中成長，對人格養成有一定的影響。
* 單親家庭是目前眾多家庭型態中的一種。單親家庭的孩子，同樣能在正向、溫暖的教養下長成美好的樣子。

可以擁有的第二人生

人生七十才開始，有滋有味的第二人生，讓生命更圓滿

阿好嬸由女兒陪同前來，七十三歲，很健談，說話中氣十足。

女兒憂心地說，媽媽最近一個月來常常心情不好，也一直抱怨身體疼痛或疲累，還出現各種擔心。例如，她覺得自己的記憶力好像愈來愈差，重聽更嚴重；也會說討厭自己有糖尿病和高血壓，因為有些美食不能吃，還要吃很多藥物來控制疾病；偶爾還會說活得很痛苦，乾脆死掉算了；加上睡眠品質不好，晚上九點就躺床，但到了凌晨兩、三點仍無法入睡，如此惡性循環，導致白天精神更差。

諮商過程中，我發現阿好嬸的負面思考很多，憂鬱、焦慮症狀也很明顯。我仔細詢問對於「乾脆死掉算了」這個念頭，她是否有任何具體的計畫或想法。她有點害羞

地說：「謀啦謀啦（台語）！」女兒接著說，媽媽在狀況很糟或生氣時才會這樣說，尤其睡不好時更會亂發脾氣。

我和阿好嬸及女兒花了一些時間了解她們對諮商的期待。阿好嬸想先討論讓她最困擾的事情，她說：「我很討厭戴助聽器，因為常常會有很不舒服的雜音，搞得我頭很痛，但女兒一直要我戴。」女兒說助聽器曾送回原廠檢查兩、三次，都說沒有功能上的問題，實在查不出原因，後來只能不了了之。而之所以一直勉強媽媽戴著，是因為她不戴就常聽不清楚別人說的話。

我詢問阿好嬸，覺得不舒服的時候大都在戶外，還是在屋裡就會有這種狀況？她說，在屋內會好一點。

阿好嬸母女相依為命，住家在巷子裡，算是文教區，多數時間很安靜。但一到戶外，阿好嬸就常常反映戴起來很不舒服，但拿掉就聽不清楚別人說話，常常一個問題反覆詢問，問到周遭人回答得都煩了，她自己也不高興，索性生起悶氣，不想再多說話。

我和女兒討論，是否可以帶媽媽去醫院的耳鼻喉科或合格的助聽器門市檢測聽力，可以的話，將她覺得戴起來很舒服及很不舒服的情境、時間、地點、雜音狀況寫下來，例如嘰嘰叫的聲音等，再將紀錄帶給耳鼻喉科醫生、聽力師或助聽器原廠專業人員參考，看看能否找到蛛絲馬跡或改善方式，幫助她配戴時能舒服些。

其實，阿好嬸的心情不難理解。站在同理的角度，如果戴助聽器會覺得不舒服，自然就會對它產生排斥或嫌惡的心理。一般人也會這樣，不是只有阿好嬸如此，所以女兒不用對她生氣，或覺得她是在找麻煩。

生理上的不舒服的確會影響情緒，我們能做的就是找出原因和方法，讓阿好嬸願意配戴，連帶能改善她的人際互動狀況及情緒。

我很誠實地告訴女兒，聽力這部分還是得帶媽媽詢問耳鼻喉科醫師、聽力師及助聽器的原廠專業人員。我能幫忙的就是透過聊一聊知道她的困擾，將她的狀況一一討論、釐清，再歸納成有系統的樣貌，讓彼此都清楚、明白。

過程中，我透過示範，讓女兒也讓阿好嬸知道，她的困擾有人會慎重看待，並一起想辦法。因為知道被在意、關心，有時長輩的情緒就會在傾聽、同理中得到治癒，而問題也有機會被處理。

§

我也和阿好嬸討論她的煩惱和憂心。她說自己有很多煩惱，每天晚上都會想到睡不著，而睡不著時，她就更煩惱了。她也說自己的生活，在女兒長大、先生離世後就沒有重心，身邊沒有特別聊得來的朋友，一把年紀了也不想再認識新朋友，每天關在家裡做完家務後就不知道該做什麼，唯一的興趣是「唱老歌」和「玩數獨」。

我鼓勵阿好嬸，這兩個興趣很好，既能動腦也有事情可做，總比不知道要做什麼而又開始煩惱來得好。

女兒瞪大眼睛，驚訝地表示她第一次知道媽媽喜歡玩數獨，以後會多買幾本給她練習。我說有人一起玩和討論會更有趣，也比較不寂寞。女兒看看媽媽，點點頭說有空時她也會帶著孩子陪著一起玩。阿好嬸一聽到孫子可以陪著玩，笑得合不攏嘴，不停地說好。

協助找到生活的重心或安排和緩的運動及活動，也有助身心健康。

§

諮商過程中，得知阿好嬸年輕時是厲害的總鋪師。我告訴女兒，或許烹飪教室這類課程會是媽媽喜歡的，能讓她重拾成就感，如果願意參加，還能拓展生活圈。尤其現在很多鄰里社區都有銀髮族課程，可以試著尋找合適的參加，但重點必須是媽媽喜歡的。女兒點點頭，用心做筆記，也跟媽媽說，回家路上就一起去里長辦公室問問。

目送她們離開後我想著，自從有機會和很多長輩聊聊後才發現，經營自己的「第二人生」真的很重要，生活有重心、能維持生活自理、能多動腦，某種程度上也能遠離認知退化或失智症的侵擾，更增添生活樂趣與人際互動的交流。

如果人生七十才開始，那麼阿好嬸的精彩人生才要開始呢！

陪伴技巧指引

* 面對空巢期或生活的巨大變化，有些長輩會有適應上的困難。最明顯的狀況是表達身體各處的病痛，如果經過檢查並無特別狀況，可以往心理層面思考，透過聊天或了解一日作息，來發現是否有可以調整之處。
* 提早安排退休或空巢期的生活，讓自己的作息維持規律，身心狀態也能更穩定。
* 活到老，學到老。鼓勵長輩參加有興趣的課程，像是園藝、書法、烹飪、運動等。
* 讓生活有重心，維持生活自理，多動腦、認識新朋友，讓第二人生有滋有味，也能遠離失智症的侵擾。
* 如果可以，子女可以常常撥出時間回家探視或電話聯絡，透過閒聊，長輩能感受到被關心，也會有安全感。

第五部

我將自己
禁錮在
心的牢籠

25

抱抱那個擔驚受怕的自己

想刻意遺忘的童年傷痛，

總日日糾纏到現在

容音第一次被醫師轉介來諮商的時候，面容憔悴，兩眼無神。她以氣若游絲的聲音客氣地和我打招呼，我幾乎要加倍細聽，才能知道她在說什麼。

她說自己長年睡不好，得靠吃安眠藥才能入睡，但最近兩個月連安眠藥都沒效。問她是否有操心的事情，她看了我一眼，小聲說：「應該，嗯，沒有……吧！」那個「吧」字透露著不確定性，加上她眼神的游移，觸動了我的敏感神經，覺得這當中應該有些故事。

我微微一笑，說：「沒關係，你慢慢想，想到了再跟我說喔！」她背靠在沙發的最角落，雙腿縮起來，身上壓了兩個抱枕，把自己的身體完全遮蓋住，好像這樣比較安心。

她沉默了約五分鐘，才緩緩說出她剛與交往三年的男朋友分手，但原因她自己也說不明白。她覺得平常男友對她不錯，只是喝了酒就會用很難聽的話罵她，三字經、五字經都是常態，但酒醒之後，又會用滿是懺悔的表情請求她原諒。她說因為交往久了有感情，她也狠不下心離開，卻又覺得心很累。每到夜晚，接近男友要下班回家的時間，她就會想著他會不會又是應酬後醉醺醺地回來？或者能準時回來和她吃宵夜、聊聊天？說到這裡，她的眼神滿是落寞，眼淚在眼眶裡轉啊轉，但隨即仰頭，沒讓眼淚流下來。

我說：「聽起來，你對於和男友的相處有所期待，但他很難做到，你覺得很失落，是這樣嗎？」

容音點點頭，說：「而且他會讓我回想起一些童年的記憶……」她把臉埋進手裡，嗚嗚咽咽地哭了起來。

原來，她從小就是家暴目睹兒，爸爸脾氣火爆、酗酒又愛賭，常常喝了酒就向媽媽討錢去賭博，若媽媽不給就會遭拳腳相向，每每把她和姊姊嚇到躲在房間的衣櫥裡不敢出來。直到她國三時，爸媽在一次的衝突中，爸爸隨手拿起桌上的茶杯往媽媽丟去，容音衝過去護住媽媽，爸爸才暫時收了手，罵了幾句三字經就出門了，留下母女抱頭痛哭。也就是那次起，母女三人連夜逃出那個家，讓爸爸徹底消失在她們的視線裡。

那次之後，容音好似將這段回憶鎖在心靈深處，然後慢慢、平安地長大了。

她以為自己早已忘記，也能好好生活了，直到某次男友喝醉酒對著她罵三字經，她突然想起那段家裡吵吵鬧鬧的過往而崩潰大哭。她怕男友和爸爸一樣動手，也怕自己和媽媽一樣忍辱偷生、優柔寡斷。她恨自己不勇敢，沒有在一開始就斷然離開，才會分分合合這麼多年，即使現在分手了，卻還是思念。矛盾的心理狀態讓她一直深陷自我怨懟中，做什麼事都提不起勁且常哭，體重也在短時間內暴瘦好幾公斤，有時還有自我傷害的念頭，加上睡眠品質不好，白天經常處在精神恍惚的狀態，有幾次走在馬路上還差點出車禍。

容音還算有病識感，在朋友的鼓勵下來看身心科並接受諮商，她希望能和過往的痛苦記憶一刀兩斷，不想讓那些回憶再日日糾纏自己。

§

幼年時期的容音，對爸媽的爭吵、衝突無能為力；長大後的自己即便有力量了，仍不敢相信自己能過上和媽媽不一樣的人生，仍被困在痛苦不堪的回憶裡。

該怎麼協助她從「心」長出力量，好在回望那些過去時，能安撫那個幼年受傷的自己，抱抱那個擔驚受怕的自己。然後，終於可以輕輕地、緩緩地用自己的步調慢慢放下，可以溫柔地告訴自己，再不用抱著那個無助的感覺，擔驚受怕過一生。

容音的經歷，是很多有相同經歷孩子的縮影。

事隔兩週，再次前來諮商的容音手上帶了玩偶，說是陪伴自己從小到大的安撫玩伴，希望可以藉由它給自己力量，一起面對諮商過程中的痛苦。

我問：「對於今天的諮商，你感到非常緊張和害怕嗎？」

容音點點頭，手有些顫抖。

我說：「我答應你，我們會慢慢來，用你能接受的節奏進行。當你覺得很不舒服時，請告訴我，我們隨時可以停下來，好嗎？」

容音皺著的眉頭稍微舒展開了，她手抱玩偶，也調整了坐在沙發上的姿勢，堅定地說：「我們可以開始了！」

她從第一次目睹爸媽爭吵、甚至打架的記憶說起，那是在她國小一年級的時候，她邊說邊哭，時而哽咽，時而崩潰哭泣。我靜靜聽著，在她承受不住時，輕聲問她是否需要緩一緩，也帶著她進行簡單的「肌肉放鬆技巧」，首先，將雙手打開，用由鬆到緊的力量和速度慢慢握緊拳頭，然後再徐徐地放開手，搭配調息，反覆數次，直到情緒穩定下來。

看她情緒稍微緩和了，我和她討論「目睹當時狀況的自己」，和「現在述說記憶的自己」分別感受到什麼樣的情緒？當時是否有做了什麼事讓自己好過一點？除了家人，曾向他人求助嗎？姊姊和媽媽當時的反應又是如何？

她哽咽地說，那時才七歲，雖然知道爸媽常吵架，但還沒親眼目睹爸爸動手，所以心情上有訝異、害怕、憤怒、擔心、無助等。她氣自己無法保護媽媽，氣爸爸為什麼可以動手，更擔心媽媽會不會因此死掉，也害怕爸爸會不會轉而傷害她和姊姊；而現在在述說這些回憶時，感覺到心跳很快、很痛苦，雖然還是會恐懼，但比起小時候有好一點點。她又說，那時不敢告訴別人，因為媽媽交代家醜不能外揚，加上年紀小，她和大自己一歲的姊姊根本不知道該怎麼做，現在則清楚可以打家暴專線一一三讓人來幫忙。說著這些話時，她緊抓著玩偶，說自己頭好痛，不願再想了。

我緩緩地、輕聲地對她說：「年幼的你能做的很有限，能保護好自己，你已經很棒了，你媽媽或許也希望你那樣做！」

她看了我一眼，哭著說：「媽媽後來的確這樣說過，她很怕我和姊姊從房間跑出來阻止爸爸。可是我好自責、好內疚，我應該護住媽媽的，如果我有出去，看在我是小孩的份上，或許爸爸就會停手，這樣媽媽就不會被打得那麼慘，我一直無法原諒自己……」

我讓容音把這些情緒說出來，在過程中幫她梳理，也讓她說出媽媽當時的感受與反應。她透過事後諸葛的方式來鞭笞、懲罰當時年幼的自己，這樣的「非理性」信念及內疚的感覺，綑綁了她好多年，姊姊和媽媽也閉口不談，這件事就如同不定時炸彈，埋藏在各自的心裡。

容音說，如果不是因為男友的狀況和爸爸相似，喚起了她童年的回憶，或許她仍然沒有勇氣、也不想再次和那段傷心往事面對面。

我鼓勵她，有勇氣面對就已經跨出成功的第一步，她今天很勇敢，我也看到她在過程中的不容易。她擤擤鼻涕，微微笑說：「現實生活中能有個人說說，真的很好。我家人不想談，我也不想說。雖然心很痛，但我希望走出來，以後才能幫助她們，所以希望心理師能陪我一起。」

我點點頭，看著她說：「我很榮幸可以陪你走這一段，接下來，我們一起幫那個幼年的小容音療傷，也給現在的你力量，好嗎？」容音點頭，笑了。

§

我很心疼容音從過去到現在一直帶著這樣的傷過日子，但也很慶幸，此時此刻的她願意求助，願意讓痛苦的記憶到此阻斷，還給自己一個可期待且輕盈的未來。也許，未竟事務處理後，她在面對未來的新戀情或伴侶關係，能更知道如何在關係中看見自己、愛自己。

我們的諮商還會繼續，而她的人生也會有一頁新的篇章——就在她點頭說願意試著面對那段過往時，新的篇章就此展開。

陪伴技巧指引

＊透過「肌肉放鬆技巧」，幫助情緒穩定。將雙手打開，用由鬆到緊的力量和速度慢慢握緊拳頭，再徐徐放開，搭配調息，反覆數次，直到心情緩和。

＊伴侶間的精神暴力也是家庭暴力的一種形式，求助請撥打一一三專線。家暴目睹兒心理受的創傷不亞於被家暴者，學校師長知悉有此情事，可轉介孩子給學校諮商中心並進行通報，引進資源進行協助。

＊陪伴對方面對悲傷甚至埋藏在更深層的心理創傷並不容易。自殺防治守門人三步驟：一問（主動關懷）二應（適當回應）三轉介（資源介入），也同樣適用於陪伴時。

＊過去一直困擾著自己但未被處理的未竟事務，在真正面對處理後，能更知道如何在關係中看見自己、愛自己。

你說，我有什麼毛病？

支離破碎又渴望獨特的靈魂，想要一個診斷來定義自我

媽媽第一次帶小樂來找我的時候，她還不滿十八歲。穿著制服、一臉倦容的小樂，話不多，只是靜靜聽著媽媽說話，不反駁也不吵不鬧，彷彿諮商室裡的一切都與她無關，彷彿媽媽在說的那個人不是她。

待媽媽離開諮商室，小樂彷彿換了一個人，自顧自地說了好多話，也問了我好多問題，但話題多圍繞在覺得他人不如自己，不管是智力或美貌，完全不在同一個級別上，說自己根本不屑與他人為伍。

「她好像很習慣用睥睨一切的女王角度，冷眼看待其他人？」我在心裡想著。我開始想像這樣的態度，在學校應該多得是受不了她的同學，甚至可能覺得她是故意找

麻煩。她的話裡有很多漏洞，多問幾句就可以知道她剛剛說的話是自相矛盾，但她總有辦法用似是而非的話輕巧帶過，反駁她人的疑問。

我邊聽著小樂說話，邊快速核對某些心理疾患的症狀。我心裡有一、兩個假設，但不想輕易地就幫她貼上診斷標籤。

小樂說完了自己想說的，還順便嘲弄了上一位心理師和身心科醫師，然後她停頓了一下看向我，酷酷地說：「你是第五個了，換你說說看我有什麼毛病？」

我笑了笑，沒有直接回答她的問題，反而和她聊起來。我問：「你都這麼直接啊？第一次諮商就馬上想知道別人對你的診斷？我都還沒機會認識你呢！」她愣了一下，眉頭似乎稍微鬆開了些，但很快又恢復睥睨的表情。

她繼續說：「你們叫什麼什麼『師』的不是都很專業？我說了這麼多我的狀況，還上網查過資料一一比對，這樣你還看不出我是什麼病？我搞不好都比你清楚。」

我看向她，很認真地問：「你『想要』自己有什麼診斷？」

或許是第一次有人問她「想要」的診斷，而不是直接給她診斷。她興高采烈地講了她期待的診斷名稱，並說了上網查到的症狀，也看過有這診斷的Youtuber的自我描述，覺得自己非常符合。

我想了想，問：「你能告訴我，有了這個診斷，對你來說代表什麼？」

她看著我，突然哽咽地說：「會讓我覺得自己獨一無二，還有……『有人』會多關心我一點。」她特別加強了「有人」這兩個字的力道。

我點點頭，暫時不去追問「有人」指的是誰。我謝謝她願意說出自己的想法，也誠懇地跟她說抱歉，我不是故意迴避她的問題，而是因為對她的所知很有限，畢竟今天是第一次見面，只憑她對自己的看法，我實在沒辦法回應她的提問，希望她能多給我一些時間認識她。我還說，就算是交朋友，也得深入認識一段時間才會有些了解。

她挑了挑眉，面露失望，安靜了一會兒說：「如果，我是說如果，我們多認識一段時間，我讓你多了解我，你覺得……你有可能知道我是不是有什麼毛病嗎？」

我說：「如果你願意和我一起合作，或許我們能找出除了診斷以外的很多可能性。但我需要你的配合，光靠我可能做不到。你願意幫我、也幫你自己解惑嗎？」

她沉默了一會兒，點點頭說：「好吧，我們試試看。但我不想說太多有關家人和學校的事，這些會讓我覺得很煩，我也會很討厭你，下次就不想來了。所以，你最好先不要問我。」

「賓果！」我心裡響起了小小的歡呼聲。或許顯露在外「令人費解的行為」、「目中無人的高傲態度」與「對診斷的渴求」都不是重點，原生家庭和人際關係中不足為外人道的問題，可能才是問題核心，是通往她內心深處的其中一條路徑。

小樂離開時遲疑了一下，緩緩地說：「雖然我不是很想提到家人，但這次我不願意，不代表下次也不願意，你每次都可以問問我，我再看看要不要告訴你。」

我謝謝她的提醒，也告訴她這樣非常棒，我之後都會記得問一問，在還沒有辦法信任我或心裡尚未準備好之前，她都有說與不說的權利，我不會勉強。她點點頭，約好了下週再來的時間，便離開了諮商室。

§

要接納自己的情緒、接納原生家庭裡的陰暗面，本來就不容易，更何況是要告訴他人。在和青少年溝通或互動時，如果常有窒礙難行的感覺，不妨試著檢視下面幾個「為什麼不願意溝通」的可能原因，看看能否找到些許線索，進行調整：

一、**經驗法則**：當過去的經驗法則提醒我們，心事講出口，可能會被否定、批評、指責，但若不講，就會被質疑或責怪為何不講。當講與不講都會被罵，就選擇殺傷力最小的，也就是閉口不言，因為多一事不如少一事，多說多錯。

二、**對方以角色或身分壓制**：溝通時，若「倚老賣老」或「上對下」的慣性發語詞成為常態，角色或身分中相對弱勢的一方就容易關起耳朵和心門，阻斷溝通的路徑。

三、**人格特質及自我防衛機制**：每個人都有不同的個性與特質，也有不同的情緒敏感度，根據演化論的角度，我們會選擇最有利於生存的方式做互動；也會啟動心理防衛機制來保護自己，以避開焦慮或衝突。

四、沒有共同話題：不同世代有各自發展的語言或流行文化，當溝通的兩人無法在對話時進入對方的世界，就可能讓原本不想互動或溝通的一方覺得對方無趣或非我族類，於是溝通更容易失敗。

五、口語表達能力受限：若以「你為什麼會×××？」這類開放式問句，對口語表達能力不佳者進行溝通或質問，很容易讓他們緊張也更不容易把話說完整，造成溝通瓶頸，平添彼此的挫折感。因此，若已知溝通一方的口語表達能力較弱，可考慮在對話中採取封閉式問句，如「選擇題」或「是非題」來幫助互動。

六、不是不想說，是不知道自己怎麼想：很多青少年甚至成人，連自己怎麼想或想些什麼都不清楚，更別說對談時能完整說出自己的想法。因此，當不知道該怎麼說或被逼急時就乾脆不說，可能是當下「避免出錯」的最好應對方式。

以我對小樂的觀察，人在面對會引發焦慮反應的情境時，自然而然升起防衛機制以保護自己，甚至想要試探對方底線，看看能容許自己到什麼程度、會不會傷害自己，這都是可以理解的。一邊抱持接納與同理，一邊透過觀察了解小樂可能的心理狀態，這些對我來說都是很重要的過程。

了解孩子的文化與可能的難處，就掌握了與其互動的密碼。接下來，就是要靠正向溝通和互動，走進他們的心。

我很感謝小樂最後的那段話，不管下次她再來諮商時是否已準備好，我都願意相信，**只要給予時間，我們都可以在過程中試著把支離破碎的自我慢慢修補起來**，然後帶著全新的自己，勇敢面對新的人生。

陪伴技巧指引

* 孩子劍拔弩張的態度和激進的言語，有時只是害怕受傷的保護色，試著多些耐心和同理，給予時間並釋出善意，會有機會慢慢靠近他們的。
* 溝通路徑不順暢時，試著思考「為什麼不願意溝通」的六個可能原因，看看能否找到些許線索再進行調整。
* 了解現階段孩子流行的語言和文化，可以幫助溝通更順暢。
* 當孩子嘗試釋出善意因應時，即使只有一點點，父母也要學習「看見」，表達正向感受並肯定他的回應。

為什麼沒人看到這麼好的我？

這輩子情已還完，以後不要再糾纏

千芊預約了晚上的諮商時間，太陽都下山了，卻仍戴著墨鏡前來。我在心中偷偷想著，墨鏡的背後是哭紅的雙眼、被家暴的瘀青，還是醫美後要避光？但她沒有想要講，暫時我就不刻意問。

但戴著口罩和墨鏡，我很難看出她臉上的表情，只能從聲音判斷她當下的可能情緒。我在很克難的狀況下，慢慢整理出她來諮商的原因。

千芊說自己長得不算美，但應該算得上是中等之姿，因為個性開朗又好相處，所以不乏追求者。不過她對愛很執著，只要開始談感情，每段都是交往四年起跳，所以每次分手都是痛徹心扉，即便分手也常常是她提出的。

她說初戀是大學學長，對她很體貼，人也很帥，還很專情。但交往到第四年，她開始有些心猿意馬，覺得不想太快安定下來，畢竟大一就認識學長了，也只交過這個男朋友，她還想多看看外面的人和世界。就這樣她提了分手，男朋友一臉錯愕，嘗試挽回無果，只能接受她堅定的分手要求。

分手後，她透過聯誼認識了幾個男性朋友，後來和其中一位成為男女朋友，甚至一度論及婚嫁，但最後她還是當了落跑新娘。說到這裡，她的聲音開始哽咽，覺得這個男友對她的存在一直躲躲閃閃，尤其在面對他的好哥們和身邊朋友時。千芊說，男友讓她覺得很自卑，好像她的存在讓他很丟臉、帶不出門，雖然私底下男友對她很好，未來的公婆也待她不錯，但就是覺得哪裡不對勁，這樣一拖，兩人也交往了六、七年，可是問題一直無解。

直到男友決定接受公司外派到南部工作，與她分隔南北，她才下定決心要好好討論這個問題。男友的避重就輕、不正面回答問題，讓她很失望，加上男友希望她婚後不要工作，只要好好在家侍奉公婆、相夫教子就好，強硬的口氣不是商量而是告知，讓她心裡的火愈燒愈旺，兩人大吵一架後就分手了。

千芊說，以前男友曾說過，分手後連朋友都別做了，所以兩人再無聯繫。後來知道他結婚的消息，也是在共同朋友圈裡無意間看到喜帖才知道。

§

第三段感情是最讓她受傷的。對方是高學歷的社會菁英，幽默風趣又有才華，交往初期，千芊常懷疑是自己高攀了對方，所以一直小心翼翼地維護感情，近乎討好。她說男友個性沉靜、不多話，對周遭的人都保持安全距離，最讓她感到安心。男友對工作很認真，假日偶爾會帶她出去吃飯、喝咖啡、四處走走，但多數時候更喜歡一個人宅在家。那段時間她常對朋友說，自己像是交了隱形男友，有和沒有都一樣。

交往中期，她因為受不了男友不冷不熱的個性提過一次分手，但對方沒有挽回的意思，而是說尊重她的決定，讓她備感挫折，不懂自己在對方心裡算什麼。但因為太愛對方了，所以幾天後，她又默默地回歸一起住的家，男友也沒說什麼，靜靜地接受了她。

而壓垮駱駝的最後一根稻草，是男友到外縣市出差兩個月的時候。千芊說，他幾乎不曾主動打電話關心她在台北的生活，她一度覺得自己是不是被「遺棄」了。她強調了「遺棄」這兩個字，可以感覺出她的不滿。

千芊說：「如果我沒有主動打電話或傳訊息給他，基本上他不會主動聯繫我。如果訊息有回應也都晚了好幾天。這兩個月裡，還經歷了情人節和兩人共同的紀念日，我都沒有收到任何祝福的簡訊或電話。」她失望地說著。

那時她曾經緊張地想，對方會不會出事了，所以不方便回電？但致電關心又都一切如常。千芊說：「或許是真的看開了、認清了，在那兩個月期間，我將自己的東西收拾好，離開那個傷心地，然後傳了簡訊提出分手。果然，他只淡淡地回了一句：『尊重你的決定。』」這次，她知道這段感情真的已經走到盡頭。

千芊說：「我累了！」聲音聽起來很頹喪，她深深地嘆了一口氣。

「這段感情，好像只有我一個人在努力？是不是從頭到尾，只有我一個人一廂情願？他是不是從來不曾愛過我？我只是他生命中的過客？是不是愛得比較深的，在感情中注定是輸家、注定要受傷？」

我沒有回應她，只是靜靜地聽她說，讓她把積壓的怒火與困惑一股腦地宣洩出來。千芊說：「我的自尊心很強，但自認對待感情很認真，也很盡力付出，為何總是得不到自己想要的愛情？」

我問她想要什麼樣的愛情。她看著我，哭了，然後說：「我已經四十歲了，現在的我只是想要一個人聽聽我、抱抱我，知道我的脆弱和無助，願意陪在我身邊不走的人，為什麼這麼難？」

我看著她，點點頭說：「你想要的愛情或許和年紀無關，我也會想要這樣的愛情呢！」她聽了之後噗哧笑了出來。「或許我們可以聽聽看，你的內在小孩現在想要告訴你的，可能是什麼樣的情緒？」

千芊大聲說：「是不爽！我現在覺得超不爽又委屈，為什麼沒有人看到這麼好的我？」

我說：「很好喔，你很勇敢也很精準地講出心裡的感受。那麼，這種不爽又委屈的感覺，曾經在什麼時候也出現過？」

她遲疑了一下，說：「小學二年級的時候。那是我第一次數學考八十分，很興奮地告訴爸媽，但他們只淡淡說了聲『喔！』就不理我了，轉頭去誇讚考了一百分的妹妹。那時候我不只覺得委屈，還覺得很恨、很生氣、很不爽！」

「不被重視」的傷口，自過去到現在，從沒有癒合過。

§

我和千芊陸續談了愛情以及原生家庭裡的各種委屈和情緒，並將之與過往童年及成長過程的經驗做連結，尋找是否有任何相似之處或固定的模式。探討的過程不都是順利的。她的哭哭笑笑各有原因，卻也是走過這段情緒風暴的必須。諮商不是為了找個同溫層取暖而已，我們會在這段過程中，經歷將心理傷口緩緩揭開、清創、上藥、等待復原等過程，就只為了能好好地、慢慢地走過。

幾次諮商後，千芊在一次前來時拿掉了墨鏡，露出澄澈的大眼睛。她說：「心理師，我終於願意承認，有很多事情不一定都是別人的錯。有時候只是時機點不對，我沒錯，對方也沒錯，只是我們愛錯了時候，又不知道怎麼溝通，所以留下了很多委屈和遺憾。我個性裡的討好和很多沒有解決的情緒，一直從童年帶到中年，**是時候我也該和自己和解了，不要總是仰看別人，應該多看看自己，我也有能力對自己好。**」

我點點頭，聽著千芊說了這麼一大段話，心裡很感動。我說：「這段時間，你真的很努力正視曾受過的傷，還有那些未解決的情緒。現在，你已經可以自己陪伴自己了，我們也能準備結案。」

千芊笑了，說：「謝謝心理師這段時間的陪伴。如果可以，我希望這輩子讓自己受盡委屈的感情已經還完，以後不要再糾纏。」她停頓了一下，又說：「就算再糾纏，我相信自己也有智慧知道該如何看待。」

我看著她離去的自信背影，心裡頓時輕鬆起來。

陪伴技巧指引

＊要面對過往傷口並不容易。不要逼自己一定得怎麼做，但是「已經準備好要面對」的動機，能幫助更快進入狀況。

＊嘗試和自己和解，不再為難自己，知道在關係裡也可以多看看自己，也有能力對自己好！

＊試著說出情緒，找到情緒根源，都有助於治癒一直以來被忽略、視而不見的心理傷口。

＊諮商只是一個引子，能勾出你心裡的勇氣。他人的陪伴與提醒固然重要，但最終能幫助你走過的，還是終於能「看見」並「好好對待自己」的「你」。

放棄是為了保護自尊

聽懂孩子的弦外之音，
就有機會走進他的內心。

當我還是實習心理師時，某天在醫院服務，來了個需要做心理評估的幼兒園孩子小嘉，五歲半。

我去候診區接他時，媽媽焦慮地告訴我，小嘉在幼兒園的人際關係很不好，常說同學不跟他玩；老師也說他上課坐不住，會打擾其他同學，所以常被點名到角落罰站。

媽媽說，根據老師的說法，小嘉上課時會自顧自地站起來轉圈圈或走動，也很喜歡在需要專心聽講時和同學講話，對於該輪流或排隊的任務總是無法配合。媽媽悵然地說：「不知道是不是在幼兒園常被糾正，所以同學們不太喜歡和他玩，可能覺得他很笨也不是個乖孩子吧！」

看著媽媽的表情，我知道她應該很失落，便先轉移話題問：「老師有沒有說他在上課時是怎樣轉圈圈？」

小嘉在一旁聽到我們的對話，馬上站起來表演，說：「我就是這樣轉的！」他認真地轉圈給我看，非常天真可愛，但隨即又聳聳肩，對我做了個鬼臉說：「可是老師好像不喜歡耶！同學也是！」

小嘉對於情境線索的覺察力較差，所以常鬧出很多笑話，而爸媽或老師在生氣時說的反話，他也聽不懂。對於情境的解讀及他人的惡意，他都很難分辨，更別說能看懂別人的情緒。

因為評估時間已到，我對小嘉說上課時間到了，要去測驗室了。他躺在等候區的地板上說：「不要！我不喜歡上課。」然後就轉過身背對我自顧自地玩，無視媽媽在旁邊催促。

我蹲下來看他，一邊盤算著時間是否來得及做完評估，一邊思考著如何讓他願意跟我去測驗室。突然，他望了我一眼說：「我剛剛吃了一個麻糬，是花生的。」

我笑笑對他說：「我也很喜歡吃花生的耶，不過紅豆也很好吃喔，你下次可以試試。」

他睜大眼睛，很有興趣地坐起來和我對話，他說：「那你也喜歡吃湯圓嗎？」

我說：「是啊，不過我最愛的是芝麻口味，你也喜歡嗎？」

透過這幾分鐘天馬行空又看似無意義的交談，讓我感覺到小嘉沒有剛開始那麼排斥我，也慢慢降低戒心了，這或許是個好的開始。

我說：「那我們去上課吧！你還可以多跟我分享你喜歡吃什麼。」

他點點頭，像風一樣自顧自地向前跑。在測驗室門口，他遲疑了一下，轉頭問我：「我只要來一次就好了吧？我每天都要去很多地方上才藝課，已經很煩了，學校也不好玩。」

從這段話可以了解，為什麼他一聽到要上課的反應會這麼大。我對他說，只要認真做好這一次，就只要來一次就好。他開心地說好，然後進門。

§

評估時，小嘉的確像幼兒園老師觀察的一樣，完全坐不住；需要動手操作的項目可以短暫配合坐在椅子上，但只要換成需要思考後再回答的題目，他就會自動躺到桌子底下玩。

我沒有刻意要他回到椅子上坐好，我繼續問他問題，他也照常回答我。偶爾我會用眼神探探在桌下躺著的他，對他笑了笑，他也會回我微笑，然後開心地繼續躺著，過程中，他還是會回答我的問題。

對那時的我來說，這樣雖然有點困擾，但我記得督導說過，行為觀察也是很重要的一部分，如果他還是能回答問題，就不要刻意執著在他一定得乖乖坐在座位上，就用行為觀察記錄附註，也是一個方法。

後來，我對小嘉說：「你很棒喔，完成一項了耶！但接下來這部分，我需要看到你的手，你得回到座位上坐好，這樣我們才能繼續。」

也許是信任關係建立了，也許是他發現我沒有一直勉強他，所以很配合。接下來，我們就在桌下和椅子上交錯完成後續的任務。

§

評估過程中，我看到了小嘉的努力，也看到他好強的一面。譬如，對於看起來有點複雜的任務，他會猶豫一下，然後直接說不會並放棄作答，就算我怎麼鼓勵，他也拒絕嘗試。

對某些人來說，面對沒有把握的事，寧可先說不會或放棄，好過事後需要面對失敗或挫折而傷及自尊。因為**只要不做，就沒有所謂失敗**，也就有理由告訴自己：「這是我不想做的，不是我不會！」藉由在達到目標的路上自行設下障礙，以這樣的方式保護自尊，避免失敗時的難堪，也能讓焦慮感下降。我心疼地看著這麼小的孩子，正在用各種方式保護自己的自尊。

評估結束時，我告訴小嘉，今天多數時候他都很努力地坐在椅子上完成任務，真的很棒！

小嘉喃喃地說：「很少老師會說我棒耶！」

我根據事實給予他回饋，增強他的良好行為，他完成任務時，我會讚美他；他沒有完成任務但已經很努力，我就讚美他在過程中的努力。我找到小嘉微小的進步，做符合事實的誇讚，一方面提升他的信心，另一方面透過成功經驗，增強他下次願意主動嘗試的動機。

我目送小嘉和媽媽牽著手離開時，他突然回頭跑向我，說：「下次我可以再來找你嗎？因為今天我們沒有討論完湯圓的事情耶！」

我愣了一下，笑著說：「當然沒問題！」於是他心滿意足地揮揮手離開了。雖然他在意的重點好像是湯圓，家長可能會尷尬地覺得孩子擺錯重點，但如果我們願意換個角度思考，湯圓會不會只是一個藉口？真正會讓他想再來的原因，是他在這個過程中，感受到他人的善意和真誠的鼓勵。

聽懂孩子的弦外之音，抓住任何破冰的可能，我們可以有更大的機會走進他的內心。

陪伴技巧指引

* 有些孩子因為自身的特質或症狀，在傳統的校園情境學習時經常遭遇挫折，所以如何看到孩子的亮點，將之轉化為引導他能短暫配合上課情境的機會，給予肯定並創造成功經驗，就很重要。

* 請相信，「如果可以把事情做好而得到讚美，沒有人願意做錯事換來責備或處罰」。孩子必定有某種困難，所以無法配合，大人可以協助的就是找出困難點，然後一起改善。

* 挫折忍受度低、容易放棄，有時只是因為太在乎，也希望呈現在他人面前的是良好的形象。但往往為了保護這個初衷，只擔心結果不如己意的情況下只好放棄——能理解，就有機會協助孩子。

* 在幫助孩子的過程中，大人保持情緒穩定不被激怒，不僅能讓孩子習得良好模範，也有助於理性地觀察孩子。因為當情緒被激惹時，對行為的解讀或詮釋都容易有偏誤。

他們生氣，是因為我做錯事嗎？

不要用大人的恩怨，去拉扯孩子脆弱的心

倩倩，四歲半，在奶奶的陪同下來做遊戲治療。剩下最後二十分鐘的時候，倩倩突然躺在地板上說累了，要求我唸故事書給她聽。她自顧自地窩在我盤坐的大腿上，靠著我的身體，靜靜的，不說話。

突然她開口問：「大人為什麼要吵架？為什麼奶奶說我媽媽是壞人？為什麼她們都要我別理媽媽？」

我丈二金剛摸不著頭緒，想說我要唸的故事書裡沒有這個內容啊！

但我從她說出的話和情緒表現，知道她是很認真地發問，加上我也了解她的家庭狀況，所以心中大概猜出七、八分了。

我是這樣看待學齡前孩子的心理治療：雖然他們來做治療時都有各自的主訴，但進行過程中若有其他議題出現，尤其是與情緒有關的內容，我都會更仔細地和孩子一起討論並進行了解，因為那是此時此刻值得介入的重點。

§

我自忖，該如何用她聽得懂的詞彙和例子，回答這個「清官難斷家務事」的困難問題？又或者，我該跳過這個問題嗎？我能在剩下的時間裡帶給她什麼？會不會因為時間不夠，反而讓她帶著困惑離開？

我在腦中盤算一會兒，然後說：「倩倩，記得我說過我家有隻小熊玩偶嗎？」她點點頭，露出期待的表情，好像覺得有故事可聽。

「有一天，小熊告訴我，他朋友小羊駝有個煩惱……」

倩倩急著打斷我：「他的煩惱和我一樣嗎？」

我說：「有點像喔，但好像更嚴重一點！」我想著，她馬上就把故事主角轉回到自己的困擾上，可見她剛才提出的問題對她來說很重要。「小羊駝家裡有羊駝阿公、阿嬤、舅舅、舅媽、爸爸、媽媽和小羊駝。羊駝爸爸和羊駝媽媽每天都在吵架，最後羊駝爸爸自己搬出去住，只有假日才能來看小羊駝。」

倩倩喃喃自語，小聲地說：「我媽媽是星期一、三、五可以來看我。」

我看著她，點點頭，繼續說：「可是小羊駝很想每天都看見爸爸，因為和爸爸在一起的時候，爸爸會陪他玩，一起跑跑跳跳，帶他去吃東西，還會說故事給他聽，教他很多事情。有時候，他們還能到很遠的地方去探險。羊駝爸爸很少生氣，每天都笑咪咪的，小羊駝和爸爸在一起總是很開心。」

倩倩說：「跟我一樣耶！我媽媽脾氣很好、很溫柔，我做錯事也不會大聲罵，都會好好說。但奶奶和爸爸不一樣，都會先罵我。」她的聲音突然變得好小，表情彷彿要哭了。

「但是從某一天開始，羊駝爸爸不來找他了。小羊駝覺得很傷心，不知道為什麼會這樣，所以他跑去問羊駝媽媽，媽媽不肯說，他又跑去問舅舅，然後舅舅說不出來，阿嬤就大聲罵小羊駝，說羊駝爸爸是壞人，所以不准他再來看小羊駝了……

「小羊駝一直哭一直哭，他不知道大人為什麼要生氣？為什麼阿嬤要這麼凶？為什麼媽媽都不說話？小羊駝有好多好多為什麼，不知道該問誰？」

倩倩聽得很認真，然後怯生生地說：「我也聽過奶奶罵媽媽，爸爸也會罵，可是我不勇敢，我不敢問，我怕他們哭哭，也怕他們生氣！小羊駝好勇敢，他敢問。」

我把倩倩抱在懷裡，輕輕地說：「老師知道你是因為貼心，才讓自己忍住了，就算你很想知道，也不想要你愛的人哭哭，對不對？」

倩倩點點頭說：「可是我也有點害怕，不是只有貼心而已，而且我也很想知道為什麼，我好想學小羊駝那樣勇敢。那……**如果我只是偷偷在心裡這樣想，我還是好孩子嗎？」**

我說：「當然囉！老師覺得你是好孩子，因為你會為別人著想。只是大人的事情，有時候小孩很難幫上忙，也很難懂，就像小羊駝有好多『為什麼』也得不到解答一樣。」

倩倩不知道如何理解大人的情緒，當大人發脾氣時，她會以為是自己做錯事；她以為奶奶生氣，是因為她喜歡媽媽多一點；她不知道大人發脾氣時說的那些話是什麼意思，只知道大家都不開心；她不知道為什麼那次爸媽吵架後，媽媽就不住在家裡了；她在心裡責怪自己，覺得自己不是好孩子，所以大人會一直為她吵架，會問她要選誰，雖然有時候她也會鬧脾氣說想媽媽，但大人生氣了，她就不敢再說了。

倩倩好困惑！

§

快要下課前，倩倩問我後來小羊駝怎麼了？我說：「小羊駝和你一樣不知道怎麼辦，所以才來找好朋友小熊，問他該怎麼辦，就像你來找我一樣。」

我對她眨眨眼。她笑了，說：「那我和小羊駝一樣！我們都有好朋友可以說。」然後換我笑了，但我心裡其實有點沉重。

小羊駝後來到底怎麼了，或許沒那麼重要。重要的是，倩倩的情緒透過小羊駝這個角色和故事，有了說出自己困擾的出口。透過和故事主角的相同經驗，她知道自己並不奇怪，這能讓她安心。她的害怕、她的困惑、她的自責、她的為什麼，有了可以被包容的地方……。在那裡，沒有人會叫她不准問；在那裡，沒有人會因為她的問題而生氣；在那裡，她可以盡情大哭。

不是當事人，也沒有經歷或身處在對方的家庭，少言並且接住情緒，就是最大的仁慈。我當時能做的就是聽她說，然後肯定她的努力和表達，接住她的害怕和困惑，澄清她的自我責怪，梳理她內心流竄的情緒。

有機會的時候，我也會委婉地就現實狀況讓她的家人知道，孩子的心理狀態已經受到影響，希望他們幫幫孩子，至少不要在她面前批評或責罵她愛的任何人。

在大人的感情世界裡，不論誰是誰非，對孩子來說，他們都是自己愛的人，在心中都是有份量的！

不要用大人的恩怨，去拉扯孩子脆弱的心。

陪伴技巧指引

* 年幼的孩子有時雖然不懂大人負面情緒的真正原因，但能從肢體語言和表情察覺不對勁，他們會在負面情緒氛圍中感受到恐懼，並歸咎為自己的問題。如果大人察覺有此狀況，請抱抱孩子並試著解釋，澄清他的害怕與困惑。

* 大人盡量不要在孩子面前爭吵，也不要用利益或情緒勒索的方式拉孩子成為同盟或要求選邊站，這容易引起年幼孩子的恐慌。

* 在孩子感到困惑時，請以他聽得懂的語言做解釋，但不要強加自己的情緒和判斷在孩子身上。

咬人，是因為不想說再見

不管幾歲，每個人的失落情緒都值得被好好看見、重視及梳理

我在醫院當實習心理師的時候，曾遇過一位低口語的孩子小承，兩歲半，那天是我們最後一次上一對一的遊戲課程。

他的反應讓我印象深刻，即使事隔多年仍然很難忘。那時因為不知道要如何讓這麼小的孩子知道「再見」的意義，而且這個再見是很有可能再也不見了，畢竟我的實習遲早要結束。

所以，之前的幾堂課就不斷地思考，如何讓這麼小的孩子知道我很珍惜和他的互動，但之後我們可能不會再見。因為這個概念有點難傳達，最後就只設定在讓小承知道，「再見」就是指最後一堂課結束後他不會再來上課。於是，課程進行到中間次數

後的每一堂課，我都會在遊戲中不斷複誦「再見」這個詞，也透過玩具或遊戲的角色扮演來鋪陳「再見」這件事。

也許是因為小承年紀真的太小，對於分離的理解還不夠深刻；也或許因為沒有立即性的衝擊來感受分離的情緒，所以當時間來到最後一次，當他聽到下週不用再來醫院、我們不會再見面時，他似懂非懂地哭了，又咬又捏我的手。

他的「咬」，比較像在磨牙，有點微微的力道，不會很痛，齒痕也不深。但是他的「捏」就比較特別，是捏了之後再旋轉的那種，不是按摩的那種捏法。

我不確定他是不是曾被人這樣對待過，或是有過觀察模仿的經驗，我請家人特別注意，並觀察他有沒有捏人或被欺負的狀況。

§

老實說，我很捨不得他要用這樣強烈的方式表達情緒——不想分離的情緒。以我對他這些日子的了解，那已經是他所能傳達的最強烈方式了。

小承對周遭人物及環境變化很敏感，但口語表達的能力較同年齡孩子弱，理解力也略差，有些情緒說不出來也表達不清楚時，他就會很著急，情緒變得激昂，那時他就只能用一些不合適的方法或行為來表達。

小承咬我的情境是，因為當天是最後一次上課，加上他年紀小，所以我很難清楚解釋再見的意思，於是我用了他喜歡的水果模型來作為「說再見」的媒介。一開始他看到水果模型會主動餵我，表達親密和分享，也會自己拿水果模型和圖卡配對，在物體命名的口語表達已有所提升。就在課程進行約二十分鐘，我將他拿出來的葡萄、香蕉等模型慢慢地往他面前移動，確定他有看見，我再一邊說「葡萄再見」、「香蕉再見」，然後將水果模型陸續放進不透明紙箱裡。

此時，小承抓著我的手，阻止我繼續，並開始咬和捏我的手。我在保護自己及兼顧課程進行的拿捏尺度之間轉換著，盡可能避著，但也讓他部分宣洩。我在他宣洩情緒的同時，以口語提示情緒命名，也對他傳達了他的行為對我來說會有的感受。

「小承好生氣、好難過，因為小承不想說再見，不想要葡萄、香蕉離開，不想跟它們說再見，不想看不到它們。小承也不想跟布丁老師分開，想繼續上課。」我對他說，「老師知道小承好捨不得，所以才捏還有咬老師的手，可是老師的手好痛喔！」我一邊縮著手，一邊做著摩擦手背、吹著手的動作。

後來，小承停下了手邊的動作，過來吹吹我的手，他眼眶泛紅，最後還跑去趴在他最愛的紅色懶骨頭上哭。我和他一起趴在懶骨頭上，一邊輕輕摸著他的頭，一邊同理他的心情，用緩慢且輕柔的語言跟他說：「小承好生氣也好難過，小承不想分開，老師也好喜歡和小承一起玩，老師看小承哭，也好想哭喔！」

§

從小承開始捏我、咬我，一直到情緒恢復穩定，大概經過了十五分鐘。等他情緒恢復後，又可以和我一起玩遊戲，不管是他最喜歡的玩具，還是我們兩個自創的遊戲，他都能夠記得之前我們一起玩過的方式。例如，他會將水果模型或布骰子丟到溜滑梯的另一頭，然後會抓著我的手，示意我抱著他走上溜滑梯。我們玩了幾次這樣的遊戲，就像一種儀式，他很開心，那是我們記憶中共同的回憶和默契。

就好像要在最後一次做回顧一般，我們一如往常地玩了拼圖、丟骰子，也講了故事，我在故事中加入了一些我和他的元素。例如，書裡有貓咪和小熊開車出去玩，我會說成「老師開車載小承出去玩，我們去公園看小狗狗」，而在另一頁，我會說「小承和老師一起在房子裡吃餅乾，我們吃得好開心喔」。

我們在故事書和遊戲裡，溫習著這段時間建立的信任感及默契。

因為我心中有個「假設」，想知道小承會生氣或難過是不是因為知道要分開？或者我想知道他對於情境的理解是否如我所想？他的咬和捏的行為，與「要分開」有因果關係嗎？

於是，在他再度玩水果模型時，我又做了與剛剛一模一樣的操作。果然，他又開始咬和捏我，情緒變得不穩定。經過這兩次，我可以有九成的把握確定，小承應該是明白「再見」的意思了。因此在他情緒穩定下來後，我不再測試，讓他保持開心的心情持續到下課。

當時我無法確定我的做法一定是對的，但我想找出小承情緒行為背後的原因，不想讓他帶著難以言說的感受回家，或是在下週無法見面時衍生出被拋棄的困惑感。

這一堂離別課，我們一起做了當時能做的處理，不管是高興、生氣還是難過的。

我一直相信，帶著善意建立起的信任感，即使如小承這麼年幼的孩子，都能感受到正向的互動。因此，**面對分離，即使是這麼小的孩子，我們都要好好說再見。**

小承努力「表達」著分離對他造成的情緒困擾，我也學習著「接住」自己和他的情緒。我們都在這個過程中面對屬於自己的功課，包括學習感受、觸碰情緒，並慢慢消化、轉換，最後我們收拾起難過的情緒，讓它帶著彼此走向平靜。

不管小承之後會不會記得這段時光，但是，我幫他記得了。它會被妥善地收藏在我的記憶寶盒，當寶盒開啟時，時光的流轉會讓我重新回憶起這堂離別課，以及不管幾歲，每個人的失落情緒都值得被好好看見、重視與梳理。

陪伴技巧指引

* 表達不出來不代表沒有情緒。面對年幼或口語表達弱的孩子，試著透過行為觀察、遊戲、代為說出情緒詞彙等方式，同理並安放他們焦急又說不出口的心情。如果安放或同理正確，就能從孩子的行為或表情看得出來。

* 面對分離，可以在有限的情況下，透過對孩子的了解及玩偶的角色扮演，做當時能做的處理。不管幾歲，都要好好說再見，讓情緒有表達及梳理的機會。

第六部 ·

帶著愛，
活在當下

告別那沒說出口的遺憾

只要想到她時，
她就在你心裡，不曾遠離

小茜，三十八歲女性，幾個月前剛經歷了外婆離世的打擊，心情很低落，做什麼事都提不起勁，工作上常出錯，就連好好吃三餐、好好睡覺都有困難。她的工作與生活都受到嚴重影響，晚上需要靠安眠藥或喝酒才能勉強睡著。經過好朋友的建議，決定尋求身心科的協助，後來由醫師轉介心理諮商。

小茜是設計師，因為工作所需，經常外派到世界各國出差和考察。她是由外婆帶大，和外婆的感情非常好。隨著外婆年歲漸大，行動有些不便，小茜便將外婆從南部鄉下接到台北一起居住。

小茜說，因為忙於工作，無法時刻陪伴外婆，加上外婆對台北不熟悉，不敢到處亂走，就怕找不到回家的路，所以白天幾乎在家裡看電視或睡覺。住了半個多月後，外婆提出回南部的要求。

小茜自然是不肯，並表達外婆高齡又獨居，如果發生事情，她無法及時兼顧，因此懇求外婆繼續留在台北，讓她盡孝道。但最後還是拗不過外婆的堅持，趁著假日，她親自開車送外婆回南部，並帶了許多伴手禮，拜託街坊鄰居幫忙照看外婆。

§

日子就這樣一天天過去，原本都相安無事，小茜依舊忙著自己的事業且愈做愈好，主管還幫她加薪，並允諾明年讓她升職。正當她覺得一切都邁入軌道時，外婆的鄰居打電話給她，告知外婆在菜園摔了一跤，跌斷了腿，但堅持不要讓小茜知道。只是，醫生說外婆有糖尿病，傷口感染需要住院好好調養，所以才偷偷打電話給她。

小茜隔天立刻向公司請假，趕到南部醫院探視外婆。她說：「看到外婆在病床上蒼白的臉，我真是恨死自己了，覺得當初怎麼不多堅持一下，把她留在台北，就不會發生今天這種事了。」言談之中，小茜有滿滿的自責。

或許是因為外婆高齡，也或許是傷口感染所致，外婆手術後的恢復情況並不好。小茜很想在醫院多停留幾天，但公司一直催促，加上她的確也無法請那麼多天假，於是和醫生討論了外婆的狀況後，打算先回台北處理公事，過幾天再回來南部。

講到這裡，小茜開始啜泣，斷斷續續地說：「如果我沒有回台北，如果我再多待幾天，如果我不讓她回南部自己一人住，如果……她現在就還能好好的在我身邊。我連她的最後一面都沒見到，還說自己最愛外婆，我其實根本就沒那麼孝順，外婆一定對我很失望。」

她不停地責怪自己，哭到有點歇斯底里。我趁她稍微緩和時，倒了杯水給她，也帶著她做了幾次深呼吸。終於，她的情緒慢慢穩定下來。

或許是哭累了，也或許是覺得尷尬，她沉默了好一段時間。我安慰她：「沒看到外婆的最後一面一定很難過。是不是有很多話來不及對外婆說？」

小茜點點頭，說：「外婆一定不知道我有多愛她，因為害羞，我從來沒告訴過她；我其實很想謝謝她把我拉拔長大，她就像我媽媽一樣，供我念書、吃穿，教我做人的道理，也保護我，因此現在才能有這份工作；我也想告訴她，我很對不起她，自從到台北念大學就很少回去看她，後來又直接留在台北工作，連電話都很少打；最遺憾的是，我來不及跟她道別，來不及把好多好多藏在心裡的話告訴她。我該怎麼辦？我真的、真的好後悔。我每天都睡不著，但又好希望睡著，這樣外婆就能來我夢裡，再跟我見一面，讓我能當面告訴她……」

明天和意外，不知道哪個會先來？人生四道「道謝、道歉、道愛、道別」要抓緊

機會說，減少遺憾。

§

我給了小茜幾張信紙、原子筆和色筆，把窗簾輕輕拉上，還點了幾盞小蠟燭，背景音樂則播放了她說外婆最喜歡聽的歌。我請她閉上眼睛，就著音樂想想外婆慈祥的面容，然後鼓勵她把來不及說的話寫下來或畫下來。她遲疑了一會兒，小心翼翼地拿出皮包裡外婆的照片，放在桌上，然後開始動筆。

她邊寫邊哭，淚水滴落在信紙上成了一片汪洋，但她的手沒有停歇，彷彿有滿腔的話想說。她寫了滿滿兩大張信紙，還畫了外婆的畫像。

我問她是否願意把這份想念唸給相片中的外婆聽？她點點頭說：「我真心希望她能聽到！」於是她唸著寫給外婆的情書，那是一種濃得化不開的親情。她的心意真摯動人，她的自責也很深切，隨著說完最後一句給外婆的話，她深深地嘆了一口氣說：「如果早知道有那麼多想對外婆說的話，我應該早點說出口，而不是用現在這種方式說，也不知道外婆是否聽到了。但是能說出來，心裡好過多了。」

我們討論著她畫的外婆畫像，她鉅細靡遺地訴說著平日對外婆的觀察，可以感覺到她們祖孫倆真的非常親近。也難怪外婆的離世，對她的打擊這麼大。

我告訴小茜，在這幾次的諮商過程中，我看到她願意與悲傷情緒同在的勇氣，也看到了她對自己的批判、自責與否定，更看到了即使不知道想對外婆說的話能否傳達，她還是願意將心底的話化做文字與圖畫表達出來。而她做的這些努力，都有助於梳理自己的悲傷與自責。

小茜說：「如果悲傷梳理好了，是不是代表我就會忘記外婆？我不想忘記她。」

我說：「懷念一個人，不是把她和你綁在一起、每日哭泣就是永遠記得她，而是你知道不管在哪裡，只要想到她時，她就在你心裡，不曾遠離。你過得好，我想外婆也會感到安慰。」

我把她寫的信紙和畫有外婆的畫像交還她，並說：「你可以把這些留在身邊，也可以把它們燒掉，透過儀式化的行為，或許更能感受到外婆收到你的這份心意。」小茜點點頭，將信紙慎重地收好，然後道謝離開。

我坐在諮商室的沙發，回想著小茜的眼淚，輕聲說：「當你有一天能走出悲傷、再次感受到快樂時，那不是對外婆的背叛，而是你終於體認到，你再也不需要靠哭泣才能表達哀悼或想念，只要你想起她，她都在！」

陪伴技巧指引

* 面對親愛的家人、朋友，有時關係愈親近，有些話就更不容易說出口。試著將人生四道（道謝、道歉、道愛、道別）放在心上，抓緊機會說，減少遺憾。

* 透過儀式化的行為，讓說不出口的愛意有機會藉由另一種方式抒發，不管離去的人能否聽到，這種方式對生者本身就已經是一種安慰。

* 懷念一個人，不是把對方和自己綁在一起、每日哭泣就代表永遠記得。當某天能走出悲傷、再次感受到快樂時，那也並非背叛，而是已經知道，不管在哪裡，只要想到對方，他就在你心裡，不曾遠離。

這個家，好像沒有我的位置

我覺得好孤單，像是個邊緣人，兩個家，都沒有我的位置

阿正，四十八歲的上班族，育有一子一女。來諮商的原因是在職場上的人際關係不順利，以及最近和太太在教養上因意見分歧而吵架，目前正與太太冷戰中。

阿正表示自己是家中長子，有一個弟弟和妹妹。童年時，爸媽工作忙，常常很晚才能回到家，他和弟弟妹妹是鑰匙兒童，放學回家都是自己開門，爸媽不會接送他們上下學，餐桌上也不會有熱騰騰的飯菜，只會有晚餐錢。

他會拿著錢帶弟弟妹妹去麵攤吃晚餐，回到家監督他們寫功課、洗澡、睡覺。他記得爸媽常要他以身作則，做弟弟妹妹的表率，但那時的他心中常覺得不滿，明明他也是個孩子，為什麼要負擔這麼多不屬於他的責任？也因為下課都要趕回家照顧弟

妹，所以和同學、朋友互動的機會不多，加上他的個性本來就比較內向，便更難和大家打成一片，常常覺得自己孤伶伶的。

面對手足，阿正覺得或許自己從小就扮演了爸媽的角色，所以弟弟妹妹認為他充滿威嚴、不好親近，彼此間的感情說不上好或不好，就是平平淡淡的，長大後也一樣，彼此相處很客氣，私下也沒怎麼聯絡。

「我常覺得自己很孤單，在原生家庭是這樣，在自己建立的家庭也是這樣，我好像是個邊緣人，兩個家都沒有我的位置。」阿正說完長長地嘆了一口氣。「所以，我把很多時間、精力投入在工作上，想在工作中找成就感。工作了這麼多年，我也爬到主管的位置，但我很清楚，因為我不應酬，也不太和同事往來，做事一板一眼得罪不少人，同事在背後議論我，我也只能睜隻眼閉隻眼，但我心裡很難過。」

我問阿正：「之前如果你有職場上的煩惱時，會跟太太說嗎？又或者你都怎麼消化這些情緒？」

阿正搖搖頭說：「我怕別人或太太覺得我是男人還這麼多愁善感、懦弱，所以我都是自己吞下去，但經常搞得自己很疲憊。上次去看身心科，醫生說我壓力太大，要學會調適。我和太太是相親認識的，結婚前我們沒有相處很久，婚後就是相敬如賓。我盡力當個好丈夫，薪水都交給她管，如果有心事也不知道她是否想聽，或是否該告訴她。她有心事基本上也不會找我談，我們就像是住在同一個屋簷下的室友，唯一會討論或說話的時候，就是與孩子的教育、教養和生活花費有關的問題，這次也是因為這樣才大吵一架。」

他揉了揉自己的太陽穴，說：「想到這些事，我就常覺得頭痛到快爆炸了。我的生活很少快樂，多的是煩心的事，讓我覺得人生好難。孩子們和我也不親，所以我就花了更多時間加班，就是不太想回家。反正有我沒我，這個家都能如常生活著，世界也一樣運轉。」

我對他說：「聽起來你有點心灰意懶，也覺得自己不重要，是這樣嗎？」

阿正點點頭又搖搖頭，說：「在家裡可能重要性不高，但在工作上，我應該還是有點用處的。」說完笑了起來。

我在心裡鬆了一口氣，會這樣問是因為想評估他有沒有自我傷害的可能性，聽起來，工作還是給了他相當的成就感及被需要的感覺。他需要調整的可能是親子和伴侶間的溝通技巧、職場的社交技巧，以及面對負面情緒時能夠知道如何調適。

§

我們在幾次的諮商過程中，藉由情境設定來做角色扮演練習，讓阿正透過一次又一次的社交技巧訓練及情境線索的覺察，慢慢學習用適當的溝通技巧表達想法，而不是一味地以自我為中心，要大家都聽他的，或都用壓抑的方式因應。

某天，阿正前來諮商時顯得很高興，我問他是否有好事發生，因為他看起來心情不錯。

他抓抓頭，很不好意思地說，前天是他和太太的結婚紀念日，以往他都不會有任何表示，因為覺得這是商人炒作的節日，就像情人節，不需要隨之起舞。但這次他想要做些改變，於是早早訂了鮮花送到太太的辦公室，晚上也特地外帶了美食回家，想給太太驚喜。只是沒想到太太很驚嚇，回家還問他是不是做錯了什麼事想要求原諒。

阿正說，當下真的覺得太太很不浪漫，但後來看到她的表情，覺得她應該也很高興。他更驚訝地發現，在做這些事情的時候，其實自己並不討厭有這樣的改變，即使他還是覺得節日是商人的炒作。

然而最近幾次在諮商中的練習讓他想通了，如果一些小改變能讓彼此的關係更和諧，其實他也不一定要執著於原先的想法。太太喜歡儀式感，他也願意改變，那何妨就由他開始，總比要求別人來得容易，而且他的確看到太太很開心，那就值得了。

阿正害羞地說，這是結婚多年來第一次送花給太太，這種感覺還不錯。後來，他也試著和兩個青春期的孩子做溝通，想讓他們知道爸爸雖然不擅言詞，但心裡是很關心他們的，也約定好如果有事情一定盡量提出來，大家一起討論。

至於職場上的人際關係，阿正說他有慢慢調整想法，讓自己看開一點。他說：

「我的個性就是不喜歡應酬，也沒有很喜歡和大家打成一片，勉強自己刻意去做，我會覺得很不舒服。所以，我想了一個自己可以接受的方法，就是偶爾在我覺得合宜的情境，我會找個理由訂飲料或零食，慰勞下屬的辛勞，讓他們知道我其實有看到大家的努力。至於他們是否還是覺得我很難相處或一板一眼，就不是我管得了的。我就是盡力做一些我能做的改變，其他的就順其自然。」

我大大稱讚了阿正一番，也給了他正向回饋。我說：「看著你從之前沮喪、提不起勁又執著於自己想法的樣子，到現在一路走來的轉變，你真的很棒。而且不管是在諮商中的書寫，或是情緒紓壓的實作練習，你都很努力，交代的回家作業都有做並認真和我討論。所以你現在的改變，是在諮商過程中我們互相合作的結果，當然最值得感謝的，還是你自己。」

阿正笑著說謝謝，然後說：「我在自己建立的這個家，好像沒有之前那麼邊緣了，我找到了能慢慢前進到圓心的方法，我相信會愈來愈好。」

§

阿正在諮商關係中畢業了，但是他的人生路仍持續前進著。只要他能繼續帶著積累的成功經驗前行，我相信，他在不同的人際關係裡，不會再像之前一樣倉促地被迫畢業，而是能在細水長流中穩定發展。

陪伴技巧指引

＊早熟懂事的「親職化小孩」，常被迫承擔屬於父母的責任或角色。父母可以在合理的範圍內訓練孩子獨立，但不要強加不屬於孩子的角色在他們身上，而忘記他們其實也只是個孩子，也有被照顧的需求。

＊在親子或伴侶關係中常感互動困難者，可以透過情境設定做角色扮演練習，透過反覆多次的社交技巧訓練及情境線索的覺察，再慢慢類化到實際情境中。

＊透過認知的調整，讓自己的想法不固著、有彈性。營造幾次成功經驗後，會更願意做新的嘗試來幫助自己改變。

＊職場的人際情境相對複雜許多，因為牽涉更多利益關係或上對下的關係。建議可以在能接受的範圍內做些小改變，再視結果做彈性調整。

遇到事情不要哭，對嗎？

自愛裡出逃，恢復單身的人仍擁有愛與被愛的權利

美莉是四十五歲的科技業高階主管，幾年前發現先生外遇，她果斷離婚，也爭取到兩個孩子的監護權。

她自述，雖然在外人眼裡她是高學歷、高收入的人生勝利組，在職場上還是高階主管，應該沒什麼好抱怨，尤其娘家的鄰居們每次看到她總是熱情相迎，覺得她是家鄉之光。但她一直不敢讓身邊的人知道，她早在三年前就已經離婚，而且還是因為先生外遇這種不光彩的理由，更不敢讓愛說八卦的親戚朋友知道她帶了兩個孩子單獨生活，是個單親媽媽。若他們知道，必定會四處宣傳，娘家的人臉皮薄，會覺得臉上無光。她不想讓家人為難，所以即使工作再忙，對於兩個孩子的教養仍是親力親為。

看著她癱坐在沙發上一副非常疲累的樣子，我說：「很感謝你願意說出你的困擾，這對你來說應該很不容易，辛苦了。我想問問，對於諮商，你有什麼期待？」

她說：「其實我只是很想找人說說內心話，而這個人不能是我的家人，最好和我的生活沒什麼交集，不會對我品頭論足，不會批判我，也不熟悉我，這樣我才能放膽地說。」

我點點頭說：「我大概初步了解了。聽到你提起關於『離婚』這件事，你說了家人、親戚、左鄰右舍會有的想法，但你自己的想法是什麼呢？」

她拿起抱枕墊在脖子後方，讓自己坐成一個舒服的姿勢，緩緩地說：「我覺得很丟臉！覺得是不是自己哪裡做得不夠好，他才會外遇？我一直反覆問自己，我是不是沒有扮演好妻子的角色？是不是我太忙了，所以忽略他？還是我年老色衰，他喜歡年輕的女人？或者我的職務和收入比他高，讓他覺得面子掛不住，才和辦公室的年輕小職員在一起？」她說完開始啜泣。

我讓美莉哭一會兒，不急著打斷她。約莫十分鐘後，她的哭聲漸小，只剩下鼻子抽動的哭聲。她說：「這是我離婚三年來第一次在陌生人面前哭，也是第一次講這些讓我難堪的話。離婚那天，我辦好手續就回辦公室繼續上班，我沒有哭，也沒讓任何人發現，直到下班回家、孩子睡著時，我才在廁所偷哭了一下。」

我說：「那段時間一定很難熬，要顧及孩子和工作，真是辛苦你了。」我停頓了一下，問：「一直以來，你習慣壓抑自己的情緒，是嗎？」

她點點頭。「對啊，那段時間我真的生不如死，但為了孩子，我得堅強撐下去。小時候，我爸媽就灌輸我，哭不能解決問題，如果有時間哭，倒不如把時間拿來想辦法，看看可以怎麼處理眼前的困難。」

「聽起來好勵志，感覺也頗有道理耶！」我不急著和她爭辯是非對錯，畢竟家庭中長期內化的價值觀代代相傳，有時候已成顛撲不破的真理。我繼續問：「但你也是這樣想的嗎？」

她愣了一下說：「什麼意思？一直以來，我的確是靠著這樣的方式在職場上披荊斬棘，才坐上現在這個職位。如果遇到事情就哭，很多事都不用做了！」

「所以對你來說，如果一個人遇到挫折或困難而表現出哭泣的樣子，你會覺得……」我預留一些空間，讓她幫我填上這段未完的話。

「我會覺得這個人超沒用！」她大聲說，好像在對自己說，也好像在對我說。

我繼續問：「那你對先生和孩子也是用這樣的方式，希望他們遇到事情不要哭嗎？」

她說：「當然！」

我點了點頭，心中有了一些想法和假設。

美莉將爸媽從小到大對她的要求及對待方式，內化成根深柢固的價值觀。面對情緒，她習慣排除自己的「主觀感受」，用「理智」壓抑「情緒」，不讓「脆弱」冒出頭。此外，可能也因為錯誤的解讀或不當連結，讓她將自己的成功，歸因為自己「遇事不哭」才能找出方法，也才能走到現在這個成功的職位。因為有了成功經驗，她強勢地希望先生和孩子照著做，然而，她恐怕忽略了每個人都是不同的個體，面對情緒也有不同的因應方式和想法。

§

我繼續和她討論：「那你對於自己剛剛的哭泣有什麼看法？」

她尷尬地笑了笑，說：「老實說，我覺得很舒暢。好像把心中那股怨氣、那種不舒服的感覺，統統吐了出來，雖然理智告訴我這樣是不對的。但那是一種很奇怪的感覺，我也不太會形容。」

我說：「你覺得那個不舒服的感覺，能用哪個情緒命名嗎？」

美莉也算很有慧根，一點就通，她緩緩地說：「可能是委屈，也可能是不服氣，也可能是憤怒和失落，我覺得有好多好多複雜的情緒一擁而上。我以前好像都沒注意到耶！而且剛剛哭的時候，我只覺得頭好痛，好像快要炸開，胸口也很不舒服，這就是你們常說的生理和心理會互相影響的意思嗎？」

我繼續問：「你現在會覺得自己是沒用的人嗎？」問這句話的時候，我有點小心翼翼，也注意觀察她的表情變化。

她沉默了一會兒，說：「不會！我覺得我忍耐得夠久了，我也想試試自己能否不那麼理性，就安心地把情緒發洩出來，我想知道那是什麼感覺，或許……或許我之前就是太壓抑，也不容許別人有情緒，所以才……才逼走了他？」她的最後一句說得很小聲，音調上揚，臉上帶著不確定。

我微微一笑，沒有想在這個點上特別去做回應。很多事情只有當事人自己知道，**我的任務是幫助她去感受、覺察、思考，而不是去評斷她感情上的對錯**。但如果她在這個過程中能看到自己的盲點，也有利於之後面對類似事件或情緒時，可以有更彈性的思考模式與解讀。

在這次的諮商中，我覺得對她而言，資訊量似乎「太滿」，不管是我的提問或她的自我覺察，即使她對自己的覺察似乎帶著些許困惑。此時此刻，我認為沒必要趁勝追擊，保留一點餘裕和空白，讓她回去好好思考，也喘口氣，或許下次再來諮商時，能有不錯的開展。

於是，我在最後十分鐘和她討論回家作業。我希望她能將這次諮商過程中，有關我的提問或她的困惑、理解、假設、自我覺察、行為、解讀等，用書寫或繪畫的方式記錄下來，不用擔心詞不達意，也不用擔心想法對不對，更無須自我批判，只要真真切切的把感受記錄下來即可，只寫關鍵字也行。

她聽完露出尷尬的笑。「這簡直比我交代下屬的工作還難呢！但我對於今天的諮商的確有很多想要重新思考的內容，這對我來說或許是個機會，讓我重新去感受忽略的『那個東西』究竟是什麼。那麼這個任務我就接下了！」她俏皮地說著。

§

送美莉離開諮商室後我想著，兩個不同個性的人要組成一個家庭，帶著原生家庭給彼此的各種價值觀，一起或獨自面對生活上的各種難題，還真的不是件容易的事。

我也想到她說著自己好多的第一次，憋了那麼久，真是難為她了。我其實很期待下一次諮商時她帶來的作業，我想我們有很多可以細細探索的地方。

自愛裡出逃，恢復單身的人仍擁有愛與被愛的權利。試著把自己調整好，不論一個人或兩個人，都值得擁有美好人生。

陪伴技巧指引

* 家庭中長期內化的價值觀代代相傳，有時候已成顛撲不破的真理。但偶爾也試著問問自己：「我也是這樣想嗎？」當不合時宜的價值觀已經影響自己與伴侶的關係時，或許就是該改變的時候，請給自己彈性調整的機會。

* 面對情緒，試著正視它，和它說聲嗨，聽聽它想要說什麼，也看看身體給的訊號。兩相對照，常會發現生理與心理有所對應之處，如緊張時手心冒汗，憤怒時感到頭疼。

* 試著去感受、覺察、思考，可用書寫或繪畫的方式記錄。不用擔心詞不達意或想法是否正確，更無須自我批判，只要記錄下來，只寫關鍵字也可。書寫本身就有療癒效果。

當優點都變成缺點

就算是穩固的關係也需要適時添加柴火，讓愛意能被持續感受到

小磊，三十五歲，他和女友的愛情故事是這樣開始的。

他說和女友是在工作場合認識的。女友欣賞小磊的勤奮努力，做事認真負責，為人幽默風趣；小磊則喜歡女友的獨立自主、溫柔可人及細心體貼。兩人在以結婚為前提下交往了三年多，談戀愛的過程雖然沒有什麼浪漫得不得了的情節發生，感情倒也細水長流地進行著。

說到這裡，小磊嘆了口氣說：「就如同愛情故事裡常有的魔咒，『相愛容易相處難』，我們同居後也遇到類似的瓶頸。當初喜歡對方的那些優點，在生活的磨合中好像有些變調，甚至變成了缺點。

「例如女友會說，我的勤奮努力就只適用在工作上。生活中因為我工作忙，又喜歡獨處，常常忙起來就忘了陪她，也希望她沒事別打擾我。加上我嘴笨口拙，縱使知道她生氣也不會安撫，所以後來她對我有諸多抱怨，說我都不管家務事。雖然我心裡很清楚這只是她借題發揮的伎倆，希望我注意她，但我就是真的忙啊！

「的確，她也要上班，家事幾乎都是她在做，不過我偶爾也會做啊，只是她都會嫌棄，久了我也懶了，但我已經盡力安撫她了。她有時候會酸言酸語地說，我做事認真負責，這點依然有，只是對於工作的狂熱，她吃不消。

「我是自由接案者，加上對工作追求完美，所以公事和私事幾乎很難分開，即使和她約會也很難專注。她說我的幽默風趣在熱戀期過後就幾乎看不到了，聽到她這樣說，我其實很難過，但能怎麼辦呢？這就是我的個性啊！當初她不也很欣賞我上進嗎？我還是那個我啊，她怎麼就不愛了？

「其實女友也有讓我意外的地方。當初覺得她獨立自主、有自己的想法是很棒的，但同居後，她事事干涉，什麼事都要我聽她的決定，這時我反而很期待她偶爾可以小鳥依人，不要當個強勢的霸道女。至於當初的溫柔可人、細心體貼，也在我們兩人不斷衝突的過程中慢慢消磨殆盡了。」

我問小磊，關於這些差異，他們是否有花時間認真討論，並商量改善的方法呢？

他說：「有的。因為我們是以結婚為前提而交往，雙方家長也都很看好我們，對我們來說，既然都同居了，當然很希望走到結婚的殿堂。只是每次討論的時候，都是想說先讓雙方把各自不滿的地方說出來，結果好幾次都擦槍走火，每每鬧到不歡而散，後來就冷戰居多。」

§

我靜靜聽他說著，適時提出一些問題，但多數時間都是讓他說，因為此時他的情緒需要有出口進行宣洩。

小磊說：「為什麼會不歡而散？那是因為女友一開始是用撒嬌的語氣說著對我的不滿，到後來則是氣急敗壞地說。她說我最常對她說的話就是：『你不說我怎麼知道你要什麼？你要說啊！這才叫溝通……』她說自己不喜歡那樣。女友感覺好像希望我當她肚裡的蛔蟲，她一個眼神、動作，就希望我能懂。例如她說：『男朋友看到女朋友要修理高處的東西時，就應該主動詢問是否需要幫忙，這不是該有的常識嗎？還需要直接說？』心理師，你說她是不是太無理取鬧了？還有一次，她切菜切到手流血了，明明可以自己處理，硬要叫我百忙中去看她的手，我應她的要求看了，她還是很生氣。後來我才知道，她覺得我應該趕快拿ＯＫ繃幫她包紮，還要秀秀、呼呼、安慰她才行。我真的很無言，她之前明明很獨立。」

他無奈地繼續說：「當初就是因為女友非常獨立自主，我才會想如果她有需要我幫忙應該會直接說，但沒說就代表她做得來。這樣我哪裡有錯？我都順著她了耶！」

看著他的苦惱與無奈，我真心覺得這應該是彼此認知上的差異，無關對錯，但需要調整溝通模式，讓彼此的聲音都能被聽見與重視。因此，我建議他們可以考慮進行「伴侶諮商」。

我說：「在目前一對一的諮商情境中，我只能單方面聽你的說法，但來談的問題其實牽涉到你和女友兩人的共同困擾。如果你們雙方都願意為這段關係努力，藉由這個安全及信任的諮商情境，我可以協助你們探討與澄清關係中的問題，幫助你們找到有效的溝通模式，讓你們彼此的想法、情緒及感受都能被理解與聽見。」

小磊點點頭說：「我知道自己可能不夠好，但我還滿希望有機會能修補關係裡的傷痕。女友是個很好的人，我很希望能一起努力，我想她應該也是願意的。我會跟她討論，希望她願意一起來尋求諮商的協助。」

雙方有意願，也願意一起努力，諮商才能發揮最大的效果。

小磊從一開始來諮商時的失落、氣極敗壞、抱怨和不解，到離去時的滿心期待，我相信他是願意為這段關係再努力，只希望他的女友還沒對這段關係徹底寒了心，還願意給彼此機會，再一次嘗試在關係裡添加柴火，讓曾有的愛的火苗能再次燃燒，化解原本已經冰凍的關係。

陪伴技巧指引

＊伴侶關係是需要經營的，因為隨著交往時間長短、遇到的不同人事物、彼此的個性差異等因素，如果雙方無法共同成長、溝通路徑也受阻時，一段關係就有可能就此冷卻。此外，冷戰雖然未口出惡言，但對關係的殺傷力也是不遑多讓。

＊如果雙方都有意願為一段關係努力，請試著常溝通、聊天，不要讓對方都用猜的，不要對彼此的情緒視而不見，偶爾製造兩人的精心時刻，都能為逐漸冷卻的關係添加柴火。

＊「伴侶諮商」可以藉由安全的諮商情境，由中立及受過訓練的心理師協助雙方探討與澄清關係中的問題，找到有效的溝通模式，讓彼此的想法、情緒及感受都有機會被理解與聽見。

「大哥」其實很孤單

不要急、不要趕，每朵花都有它最適合綻放的時候

無意間在網路上看到某位校長寫到和青少年相處的文章，我的思緒頓時跌入那段在學校當代課老師的日子。

那時我在輔導室的工作之一，就是輔導有不良行為或有觸犯刑罰法律之虞者。但與其說是輔導，倒不如說我在嘗試透過聊天的方式，和他們培養信任關係，以便日後有任何突發狀況時，能因為彼此具有信任關係而更快或更有機會協助他們。

獨自面對人稱很「大尾」的孩子，一開始我也有點害怕，有些同學站起來人高馬大，氣勢驚人，連男老師都沒轍。「他們打架鬧事都不怕了，為什麼要浪費時間聽我說教、和我聊天呢？」我曾經這樣問自己。

現在想想，很感謝那時候的自己願意努力想辦法，除了找資深輔導主任討論，也嘗試面對自己的恐懼。我告訴自己：「不要怕！既然學了心理學，既然是輔導老師，就嘗試把他們當成朋友，重點在建立關係，而不是說教。」我也想過最壞的情況，就是他們不理我，不肯來輔導室而已。

我先對其中一位「大哥」——大胖，釋出善意。不說教，只同理，重點是關心他在校的生活和煩惱。他願意多說幾句，我就聽也回應，幾個月後，我們的信任關係慢慢建立了，他還主動幫我拉自己的小弟們來輔導室。

有一天，我一直找不到小聖，就拜託大胖幫忙，他直接在我身邊打電話。我聽到小聖在電話那頭說不想來時，大胖直接霸氣地告訴他：「叫你過來就過來，囉嗦那麼多！是想被揍嗎？」

我對他搖搖頭，讓他不要這麼凶，把同學都嚇跑了。大胖就是大胖，很有大哥風範，他一聲令下後，小聖就說馬上到。大胖掛電話前還補上一句：「是正妹老師喔，快給我過來，等你五分鐘。」我在一旁哭笑不得，感受到他幽默和單純的一面。

§

關係建立後，我開始有機會採取朋友的角度，了解大胖和小弟們不良行為的背後原因，也才能視情況告訴他們有關我的想法，這樣的確比我一開始就說教而破壞關係來得好。我覺得這個方式不管是面對哪種個性的孩子都適用，因為他們還是能感受到別人的關心，雖然我不見得能完全影響他們的行為，但能拉一個是一個，畢竟輔導老師是人，不是神。

有一次，我隨意地問大胖：「你到底有多少位小弟啊？」沒想到他非常警覺地說：「老師，你問這個幹嘛啦，很敏感捏，我是不會出賣小弟們的，哈哈哈！」我回說：「啊不就很有義氣捏！」入境隨俗，我一定也要來個幾句有江湖味道的話，看看能不能讓大胖覺得我還算可以溝通。

靠著大胖的幫忙，我的確收獲了幾個「小弟」來輔導室聊聊，小虎就是其中一位。小虎告訴我：「老師，我是不喜歡念書沒錯，也很討厭上課，但我沒有做什麼傷天害理的事啦，你不要一直叫我來輔導室，很丟臉捏。我跟著大胖，純粹是因為這樣在學校有安全感和靠山，別的同學也比較不敢霸凌我。」

§

不良行為的背後，可能是由家庭因素、環境因素、先天氣質等交互作用而成，不是只靠輔導老師三言兩語就能完全拉回所謂的正軌，而是要靠孩子自己、老師和家長們互相配合，花時間陪伴，了解他們的心理狀態和困難。我們盡力，盡可能不放棄每一個遊走在法律邊緣的孩子，但最怕的還是孩子早已放棄自己。

依家庭系統理論的看法，問題行為的產生是因為整個家庭系統出現失衡，孩子只是代罪羔羊。如果要解決，應該回到整個系統來看，而非只檢討孩子一人。但在實務工作上，我看到多數人會覺得，有不良行為的人才需要被輔導、被矯正。當問題沒有回到源頭去解決，就只能頭痛醫頭、腳痛醫腳，無法深入核心，更遑論改善問題了。

大胖和他的小弟們在面對複雜的人際關係問題時，往往不知道怎麼處理，他們習慣用暴力解決問題，也用沉默和假裝不在乎，來掩飾內在的焦慮和不知道該怎麼辦的慌亂，有時也會在有意或無意間當了霸凌者或被霸凌者。

人都有親和需求，即使外表看似冷酷、頻頻犯錯的孩子也不例外。因為人都渴望被理解、被接納，也期待能被團體成員接受並融入群體。有時，獲得父母或師長的負面關注也是一種關注，因為他們的能力或許不足以透過好成績或優良行為得到讚美或關注。

「如果調皮搗蛋可以讓你們注意到我，那我也願意，有時我也想得到關心與在意。」第一次看到如此感性的大胖，我正想多問幾句時，他接著又露出吊兒郎當的樣子說：「不過我也不奢求啦，反正我爸媽和導師都放棄我了。」他半開玩笑半認真地對我說。

每個人都有迷惘、孤獨、脆弱及不服輸的時候，尤其在青少年時期。**試試換個方式對待他們，不要急，不要趕，每朵花都有它最適合綻放的時候。**

不要預設太多立場，或許我們終能看到不同於以往的風景，也才有機會發現，有時所謂的「大哥」只是外表強悍，但內心還是有很柔軟、也有渴望被人理解的一面。

大胖帶著我約談的小弟們準備離開時，我告訴他：「如果你想聊天，隨時可以來輔導室找我，遇到困難也可以來，我這個你拍胸脯向小弟們認證的正妹老師，一定會好好聽你說的。」我忍住笑，一本正經地對他說。大胖愣了一下，露出哭笑不得的表情，酷酷的對我點點頭，擺擺手離去。

那一刻，我知道他還是有顆柔軟的心，但需要有人願意不厭其煩地對他釋出善意。讓他知道這個關心不會撤回，在他有需要時，都在！

陪伴技巧指引

* **不良行為背後的原因可能很多，包括觀察模仿、身教、個人特質、誤會造成或其他原因，如果沒有深入核心去了解，遇事只有處罰，就只能頭痛醫頭、腳痛醫**

腳，沒有機會深入源頭改善。

＊每個人都有迷惘、孤獨、脆弱及不服輸的時候，試著換個方式對待孩子，不要急，不要趕，有時候關係建立了，就能在互動過程中有新的發現。

＊人都渴望被理解、被接納，如果無法用好行為獲得父母或師長的關注，那麼負面關注也是一種關注，請理解他們也會有的沮喪心情及行為背後的可能原因。平時多和孩子聊聊，不批判、說教，有時只要願意聊聊就已是正向關注了。

一廂情願的愛，太傷

從愛裡擺渡出來，
你說要去看山看海，再也不要談戀愛

三十歲的小芹是個文藝工作者，講起話來輕輕柔柔，很有書卷氣。來諮商時，眼睛看起來很腫，像是剛哭過。

她告訴我，很久以前曾為了喜歡的人買了一個可愛的小盆栽送給對方。起初兩人都細心照顧，因為那是愛的禮物。

她們還謹記老闆說的，盆栽在不同季節有不同的澆水頻率，但後來因為各自忙碌，變成想到才澆水。只是植物哪經得起這樣的忽略，當她再想到它的時候，它依然在原地靜靜等著，但已了無生機，一如她逐漸乾枯的愛情。

她說：「我曾經那麼盡心盡力地付出一切，只為了得到他的笑容或讚美；我自以為做的是他會喜歡或對他好的事情，即使減少和朋友的聚會甚至犧牲睡眠，也只想陪他一起做任何事；他在工作上受挫，我毫不猶豫地陪著；他忙不過來，我會在一旁看看是否有我能協助的事；我打點他生活上的一切所需，只想讓他無後顧之憂地衝刺事業。我當時不認為這樣做是犧牲，因為我做得很快樂，也在這樣的互動中找到自己的價值和意義，我喜歡這樣平凡而淡淡的幸福，而我以為他也喜歡。」說完後，她已眼眶含淚。

她又說，在交往第六年的某一天，對方說她做的很多事都不是他想要的，只是他攔不住，只好放手。那些話直接而具有強烈的殺傷力，徹底摧毀了她心中自以為是的小宇宙，也摧毀了那自以為純粹的愛情。

小芹說自己是個很容易心軟的人，做不了決定，就算知道該抽身了，也知道緣分盡了，但就是狠不下心。她來諮商就是想聽聽我的意見，希望我能告訴她該怎麼做才不會後悔。

我說：「我能做的，是引導你聽聽自己內心的聲音。如果你認為自己在犧牲，但對方視若無睹，就容易心生怨懟；如果你原本就不抱持對方要感激你的心情去做，或許對方的反應不會讓你那麼心痛。不知道你覺得這符合你的狀況嗎？或者你也願意說說你的想法？」

她低頭沉思，然後抬頭看了我一眼，驚訝地說：「這感覺……很像我媽和我爸的相處方式，難道我在複製我媽走過的感情路嗎？」

我說：「你有這樣的猜測也很好喔，我們可以討論看看你觀察到什麼。或許你可以問問自己，在愛情裡，你的行為是有『討好』的味道嗎？你希望他看到你的付出而更疼惜你、更愛你一些嗎？你嘴裡說的心甘情願是真的嗎？還是你心裡其實很矛盾？你從小到大養成的價值觀和人格特質是怎麼樣呢，對你的人際互動有影響嗎？」

她小聲說：「誰在愛情裡不希望對方能看到或珍惜自己的情意？我當然希望他在意我的付出，甚至可以給我對等的愛。不然一廂情願的愛，太傷了！」

愛情裡的感受本就如人飲水，冷暖自知。

§

在諮商過程中，我們討論了小芹在愛情裡的樣貌、人格特質、價值觀及衝突時的因應方式，也討論了她的原生家庭，包括她爸爸和媽媽在婚姻中的互動模式，以及她觀察到他們的互動和自己的愛情有什麼相似之處。她說，對自己在愛情裡的某些反應、情緒和行為，有了恍然大悟的感受。

要放棄或繼續，從來就不是外人能置喙或插手，只能自己決定。

愛情本來就沒有那麼容易，所以才會有那麼多人為情所傷，為愛所苦。那些曾經在一起的時光，仔細想想未必都是錯付了！即便後來分開，那些日子也不算浪費，都曾經有過真心，都和美夢一樣豐富了某些時候，只是後來你們不再相愛了。

她說：「交往了這麼多年，我其實很感謝那段日子有他陪我。我本來以為自己很了解他，現在想想好像也不是這樣，尤其在他說出那些讓我心碎的話之後。因為心被傷得太痛了，不被重視的苦讓我覺得自己好傻，我再不要回頭望，再也不要等待他溫柔的目光。放下，不是衝突不在了，而是我的心力不要再放在怨恨上，我能想像到的，都是和他在一起的美好。」她苦笑著說。

不適合的兩個人勉強在一起，也是在歲月裡折煞了曾經的美好。

她有點負氣地說：「如果能從愛裡擺渡出來，我要去看山看海，再也不要談戀愛。」

能從愛裡擺渡出來的人，終究不容易。我知道即使她告訴自己要想開，但這口怨氣仍需要時間撫平。愛了這麼多年，這心傷不是說忘就能忘。

§

最後一次諮商，她哭著、笑著，然後帶著有別於第一次前來諮商時的迷惘，用一種坦然的氣勢揮別過往，也結束了我們長達半年多的諮商。

我們終其一生都在學習愛與被愛，也都在尋愛的過程裡跌跌撞撞，在挫敗中學習如何調整對愛的想法，以及付出的程度。於是我們不再像初談戀愛時那樣不顧一切，我們不再全然付出，而是懂得收手，我們知道要留下餘裕給自己。

在愛人之前，要學會先愛自己。先把自己準備好，學會照顧你的內在小孩，那麼不論將來是一個人或兩個人，都有能力讓自己活得自由自在。

愛的能力，是從學會自我照顧之後由內而外散發的光彩，這個能力不僅能幫助自己，也能讓身邊的人獲益。

陪伴技巧指引

* 愛情裡的感受本就如人飲水，冷暖自知。沒有人可以代為下決定，但是可以傾聽、陪伴一起走過心痛的時光。
* 在愛人之前，要先學會愛自己。**把自己準備好，好好吃、好好睡，正視自己的情緒，留些餘裕給自己。**

後記——獻給正在看這本書的你

不管你是因為什麼原因拿起了這本書，我都想感謝你願意看到最後。謝謝你讓這些故事有機會進入你的內心。

諮商能夠產生療效，不一定是心理師有多高超的治療技巧，最重要的還是在於個案自己，心理師多是站在合作夥伴、引導思考及陪伴的角色。治療效果不是一蹴可幾，有時得經年累月才能看到成效，沒有足夠的信任感與耐心，很容易就挫折了彼此，又感覺傷了荷包。

透過自我療癒幫助自己

能夠覺察自己的心理困擾和狀態，也願意跨出第一步，讓一個陌生人（心理師）

了解你，並陪著走進那個不堪或充滿傷痕的記憶裡探索，本身就不是一件容易的事。

如果還沒有準備好，仍然可以試著透過自我療癒的方式來幫助自己。

首先，跳脫東方社會將自我貶抑當做謙虛的窠臼。

我遇過不少幼兒或兒童從小就有很深的自我挫敗感，覺得自己做什麼事都得不到肯定，尤其是父母或師長的肯定。即便有好表現，身邊的重要他人都認為稱讚會讓一個人失去努力的動力，而習慣用外在歸因來解釋個體的好表現，例如：「他這次作文比賽能拿到特優，是因為參加的對手剛好都比較弱啦！」

沒被看見的努力，刻意被打壓的喜悅，要求好還要更好的壓力及期許，一下就澆熄了原本的歡喜。長此以往，長輩或他人的價值觀就會深植並內化——「我就是不夠好」、「我不配被稱讚」。

請試著看見自己的亮點、自己的好。請將期待他人說出口的讚美，透過自我對話的方式告訴自己。不要吝於對自己稱讚，根據事實的讚美，不會讓你沉淪，你的讚美是因為你值得！你真的做得很棒！

我們常常很願意將愛付出給他人，卻吝於給自己一點鼓勵和讚許。愛人之前先試著愛自己，把自己建設好了，才會有更多餘裕去感受、去改變、去看到全新的自己。

第二步，學會釋放情緒，請忘記「流淚就是弱者」這種話。

在人生的旅途中，很少有人是一帆風順的。遇到挫折會想哭、會軟弱、會希望有人陪，這都很正常，也是人性。請不要完全拒絕想關心和陪伴你的人，當然，對象可以慎選，至少先遠離會讓你覺得愈安慰就愈希望對方閉嘴的對象。

如果你希望靜一靜，那麼選一個能讓你自在的空間，點個喜歡的香氛，透過感官經驗連結美好記憶也是很好的。過程中搭配靜坐、冥想或腹式呼吸，都能帶著我們緩緩地把心靜下來。

哭泣，也是一種宣洩情緒的方式，將它等同於懦弱，真的是不當連結。

想哭泣的時候，不管是讓眼淚靜靜流淌還是微微啜泣，又或者恣意放聲大哭，都不能代表你是懦弱的人。哭泣的行為只能代表你當下很傷心、很難過，僅此而已。哭過之後，試著調整呼吸、洗把臉、喝點水，補充流失的水分。也可以讓自己待在這種情緒裡一下下，不催不趕，充分體驗這種感覺，不要只想著壓抑它。請環抱那個脆弱的自己，告訴他：「我知道你很難過，我看到了也感覺到了。這一刻，請讓我抱抱你，我和你在一起，別怕！」

愛自己沒有想像中困難。能好好吃、好好睡、感知到自己的情緒並拒絕無視，就已經走在愛自己的道路上。

第三步，找到多元的紓壓管道，善用書寫幫助自我覺察。

能不再視負面情緒為毒蛇猛獸，有時候是因為我們開始理解並擁有了對情緒的掌控感。我們知道身為「人」就不可避免會有情緒，我們願意面對、感受、覺察、接納，我們也知道「有壞情緒」仍無礙於自己成為一個好人，「有壞情緒」和「我這個人」是分開的，只是我要學習情緒的調節及紓壓方法，讓自己不那樣情緒化，走向情緒穩定，成為更好的人。

若希望能更細膩地體會和感受情緒，可以嘗試書寫，這也是我常給個案的功課。書寫有助於將腦中的記憶透過整合理出頭緒，也有助於還原困擾事件帶來的情緒感受與行為。只是身處數位時代的我們，3C商品的普及讓我們慢慢忘記書寫的感覺，非常可惜！透過書寫的不同應用方式，例如「時間軸」，可以幫助我們更加立體地感受事件的前因後果及情緒，也有助於發現，原來，情緒根源是有可能與一開始感受到的情緒不盡相同。例如原來感受到的情緒是「憤怒」，但深入探索後，才知道情緒根源其實是「委屈」。

此外，透過「成功經驗」也可以知道，當負面情緒來襲時，過往有哪些方式有助於自己轉移注意力，趕走壞心情？例如吃一頓美食、閱讀、和好朋友聊聊、從事戶外運動、睡個好覺、和寵物一起玩。愈了解自己，就愈能透過多元的紓壓管道來幫助自己做好情緒調節。

找到適合的人陪著走一段

自我療癒是一種自我幫助的方式，但當個人的心理困擾較嚴重，而且明顯影響到學業、工作或生活各面向時，單靠自我療癒還是有困難，這時可能就需要藥物及諮商的介入。

邀請您在需要陪伴又找不到合適的對象時，考慮讓心理師或其他助人工作者陪您走一段。

陪伴是有力量的！願您在現實生活中，能有人讓您感受到「人在，心也在」的美好陪伴。

練習不孤單

臨床心理師教你5個陪伴元素，
讓低潮時刻產生安定力量

作者————李郁琳

副總編輯———鄭祥琳
主編————陳懿文
美術設計———王瓊瑤
內頁插圖———蔡杏元
行銷企劃———鍾曼靈
出版一部總編輯暨總監———王明雪

發行人————王榮文
出版發行———遠流出版事業股份有限公司
地址————104005 台北市中山北路一段 11 號 13 樓
電話————02-2571-0297
傳真————02-2571-0197
郵撥————0189456-1
著作權顧問——蕭雄淋律師

2023 年 2 月 1 日 初版一刷
定價————新台幣 380 元
（缺頁或破損的書，請寄回更換）

ISBN ———— 978-957-32-9930-1

YLib 遠流博識網
http://www.ylib.com
E-mail: ylib@ylib.com
遠流粉絲團
https://www.facebook.com/ylibfans

國家圖書館出版品預行編目 (CIP) 資料

練習不孤單：臨床心理師教你 5 個陪伴元素，讓低潮時刻產生安定力量 / 李郁琳著 . -- 初版 . -- 臺北市：遠流出版事業股份有限公司，2023.02
面； 公分
ISBN 978-957-32-9930-1(平裝)

1.CST: 心理治療

178.8 111020599